二战风云
震撼博览　史诗巨著
全彩呈现

海上鏖战

第二次世界大战著名海战

胡元斌 严 锴 主编

台海出版社

前言PREFACE

1937年7月7日，驻华日军在卢沟桥悍然向中国守军开炮射击，炮轰宛平城，制造了震惊中外的"七七事变"，中国的抗日战争全面爆发。1939年9月1日，德国入侵波兰，第二次世界大战正式开始。1945年9月2日，日本签署投降书，第二次世界大战宣告结束。

这是人类社会有史以来规模最大、伤亡最惨重、造成破坏最大的全球性战争，也是关系人类命运的大决战。这场由德、意、日法西斯国家的纳粹分子发动的战争席卷全球，世界当时人口总数的80%的20亿人口受到波及。这次世界大战把全人类分成了两方，由美国、苏联、中国、英国、法国等国组成的反法西斯同盟国与由德国、日本、意大利等国组成的法西斯轴心国，进行对垒决战。全世界的人民被拖进了战争的深渊，迄今为止这是人类文明史上绝无仅有的浩劫和灾难。

在这场大战中，交战双方投入的兵力和武器之多、战场波及范围之广、作战样式之新、造成的损失之大、产生的影响之深远都是前所未有的，创造了许多个历史之最。

第二次世界大战的胜利具有伟大的历史意义。我们应历史地、辩证地看待人类这段惨痛历史，可以说，第二次世界大战的爆发给人类造成了巨大灾难，使人类文明惨遭浩劫，但同时，第二次世界大战的胜利，也开创了人类

历史的新纪元，给战后世界带来了广泛而深远的影响。促进了世界进入力量制衡的相对和平时期；促进了一些殖民地国家的民族解放；促进了许多社会主义国家的诞生；促进了资本主义国家的经济、政治和社会改革；促进了世界科学技术的进步；促进了军事科技和理论的进步；促进了人类认识史上的一场伟大革命；促进了世界人民对和平的深刻认识。

第二次世界大战的胜利也是世界人民反法西斯战争的胜利，成为20世纪人类历史的一个重大转折，它结束了一个战争和动荡的旧时期，迎来了一个和平与发展的新阶段。我们回首历史，不应忘记战争给我们带来的破坏和灾难，以及世界各个国家和人民为胜利所付出的沉重代价。我们应当认真吸取这次大战的历史经验教训，为防止新的世界大战发生，维护世界持久和平，不断推动人类社会进步而英勇奋斗。

这就是我们编撰《第二次世界大战纵横录》的初衷。该书综合国内外的最新研究成果和最新解密资料，在有关部门和专家的指导下，以第二次世界大战的历史进程为线索，贯穿了第二次世界大战的主要历史时期、主要战场战役和主要军政人物，全景式展现了第二次世界大战的恢宏画卷。

该书主要包括战史、战场、战役、战将和战事等内容，时空纵横，气势磅礴，史事详尽，图文并茂，具有较强的历史性、资料性、权威性和真实性，非常有阅读和收藏价值。

海上鏖战

目录 CONTENTS

海上鏖战

马塔潘角战役

马塔潘角之战是1941年3月，英国和意大利两国舰队在地中海克里特岛的西南海域进行的一场激烈海战。其主要战斗发生在3月28日深夜，地点在离希腊马塔潘角大约100海里的地方。这次海战，英军击沉意舰5艘，重创1艘，严重削弱了意大利的海上实力。在马塔潘角海战中，舰载飞机在侦察、进攻和防御诸方面第一次发挥了举足轻重的作用。

英国和意大利的
地中海角逐

一生扮演跳梁小丑角色的意大利法西斯头子墨索里尼，在第二次世界大战时期，一直跟在希特勒后面捡食残羹剩汤。

这个野心勃勃而又无力斗勇的小丑生平最渴望的，就是在地中海地区重建一个比古罗马更为显赫的帝国。他还大言不惭地将地中海称为"我们的海"。

眼见德国军队势如破竹，几个月内就席卷欧洲，心急的墨索里尼再也按捺不住了。

1940年6月10日，这个泥瓦匠出身的意大利法西斯头子向有碍于他实现野心的两块绊脚石——英、法——正式宣战了。但是意大利最高统帅部根本就没有来得及制订完整的战略和战役计划，地中海上的防守战略更是无从谈起。

由于没有完整的战略计划，战争之初，意军就忽略了两个能够改善意大利战略态势的要地——突尼斯和马耳他。

如果占领突尼斯港口和机场，意海空军就能利用突尼斯基地和对面的西西里岛基地，严密封锁突尼斯海峡，切断英国在地中海的交通线。而且突尼斯港口和海岸线可以作为意陆军的补给基地，安全而又经济。

马耳他位于地中海中心，是英国舰船的一个中途停靠战，也是意大利中央阵地上唯一一块英国领地。但是这里最初只有4架作战飞机驻防，防守力量相对薄弱。

对于这个理应成为第一个进攻目标的重要战略基地，意军除进行了一些

小规模的空袭外，对其没有采取任何行之有效的行动。

战略计划的不完备和行动上的盲目，注定了地中海战争中意大利军队的惨败。

深谋远虑的丘吉尔首相深知地中海战略地位的重要，在他看来，确保地中海交通线的畅通，是英国海军肩负的仅次于保卫英伦三岛的战略任务。这里有他使用了近150年的基地马耳他，有一支实力过硬的地中海舰队，还有不少盟国。对于英国人来说，控制了地中海，就意味着拥有了得天独厚的战略优势。

早在1940年5月中旬，英4艘战列舰和"鹰号"航空母舰就已悄然抵达地中海，同时地中海舰队司令部也由马耳他基地迁往埃及亚历山大港，进入临战状态。

1940年6月22日，法国政府向希特勒投降，英国在地中海的地位受到严重威胁。

6月27日，丘吉尔果断签署命令，地中海舰队受命用武力摧毁了法国米尔斯克比尔舰队，并迫使亚历山大港舰队凿沉全部船只，不战而亡。

11月25日，意军在占领了东非肯尼亚的部分地区和英属索马里全境，西进至苏丹边境和北非埃及的西迪巴腊尼后，便开始从一年半前占领的阿尔巴尼亚向希

意大利法西斯头子墨索里尼

腊进攻。至1941年年初，意军仍被英勇的希腊军队逼得寸步难进。

希腊对于维护英国海上交通线具有重要意义，而且又是英国的盟国，因此，从1941年3月4日开始，英国便不断从埃及运送兵员和装备到希腊，实施援助希腊的"光泽"行动。

英国地中海舰队自然更是肩负重任。由于当时英国地中海舰队的主要基地正在由马耳他岛向亚历山大港转移，英国的运输船队往返如梭，海上一派繁忙。这无疑会给意军提供难得的出海机会，从而导致一场海上实力的大厮杀。

领导英地中海舰队的是在英国海军中被尊称为"伟大的领导"的海军上将安德鲁·坎宁安爵士。他一面坚守马耳他岛，一面做好各方面战略准备，意欲寻机痛歼意军。

但他深知意军舰队实力雄厚，必须有强硬的作战舰队与之抗衡。因此，在他的建议下，地中海舰队在现有的一艘现代化航空母舰基础上，另外加进

英军战机

了新型装甲航空母舰"卓越号"，新改装的防空巡洋舰"加尔各答号""考文垂号"和经过现代化改装的旗舰"勇士号"。舰队的实力无论从数量上还是从质量上，都大大增强。

继1940年11月1日英军在克里特岛登陆之后，11月11日，英国又出动海空军成功夜袭了意大利南方的海军基地塔兰托，使意军3艘战列舰和两艘巡洋舰遭受重创。

这种状况使地中海英意双方的兵力对比变得对英国更为有利。

1941年元月初，"卓越号"遭到德国轰炸机的重创，从而使英国失去了地中海唯——艘装甲航空母舰。但很快另一艘新型装甲航空母舰"无畏号"从大西洋绕道非洲南端，通过苏伊士运河，进入地中海。

英国方面至此已是万事俱备，只要决战时刻一到，地中海舰队就将全面出动，奔赴生死攸关的马塔潘角大战场。

德意法西斯
结成钢铁同盟

1940年10月，正当墨索里尼准备大肆入侵埃及之时，从柏林传来了希特勒将进军罗马尼亚的消息。

这对于时刻做着"恺撒"梦的墨索里尼来说，简直是个惊人的打击。

但他倒极有自知之明，明白自己无力与希特勒相争。于是，他贪婪的目光便立即投向了希腊版图。然而希军也并非弱者，他们凭着高地作战的优势将意军远远逐出希腊领地。

1940年11月11日，意军海军基地塔兰托被袭之后，意舰队从此一蹶不振。事到如今，墨索里尼也不得不"屈尊"求助于希特勒了。希特勒从自身的实际利益出发，慷慨地答应了墨索里尼的请求。

12月，希特勒从挪威抽调第十航空兵团进驻意大利南部地区，与意军联合作战。德国空军进驻意大利，对英国地中海航线构成了严重威胁。

1941年1月10日，坎宁安率舰队为一支前往马耳他的运输队护航，途经马耳他以西海域时，遭到50架德"斯图卡"式俯冲轰炸机的袭击。

"光辉号"航母中弹多处，因起火而被迫退出战斗返回英国大修。至此，英地中海舰队只剩下一艘没有装甲防护、早已丧失护航能力的"鹰号"航母了。

3月初，德国人准备大举干预希腊战局，并对意大利施压，要求意大利人对破坏英军补给线一事做出相应的努力。

意大利最高统帅部只好命令其海军采取积极的行动，尽管他们明知希特勒是想让墨索里尼充当他的敢死队，借以消耗英军海上力量，坐收渔翁之

利。3月15日，刚被任命为意大利舰队司令的海军上将亚基诺应召来到罗马。迫于战争和政治的需要，意大利海军当局在德国人的压力下筹划了一个作战计划：

> 首先在克里特岛一带对盟军的海上交通线实施破坏作战，切断英军海上交通线，并掩护德意向利比亚战场的运输。

如此重大的任务自然而然落到亚基诺的肩上。亚基诺深知当时的形势，他接受任务后，马上提出破坏英方补给线所需的三个必不可少的先决条件，即出其不意、有效的空中侦察和空中掩护。第一个条件对于意军来说不算难办，但对于后两个，意大利人便深感忧虑了。

希特勒此时便出来充当好人了，他许诺让第十航空兵团和意大利海军密切配合，在西西里岛东面大约350海里的地方为意大利海军提供空中掩护。

为了进一步鼓励他的意大利盟友，希特勒又宣称，他们的鱼雷机将于3月16日在克里特岛以西的亚历山大港对英军舰队的3艘战列舰中的两艘予以重创，为意军的行动提供支援。

亚基诺自然不笨，他知道这种含糊其词的承诺纯粹是"纸上谈兵"，很难有实际效果。他曾一再要求得到更为强大的实质性的空中保障，但得到的仍是一纸空文。而希特勒对意大利海军的消极态度也甚为不满，他再次以强硬的态度对意军施加压力。

3月19日，一封带有命令口气的照会由德国海军总司令部发往意大利海军参谋部。

照会电文说：

> 英国人从亚历山大港至希腊港口之间的频繁海上运输，正为意大利海军提供了一个非常好的海上攻击目标，而英军舰队目前在东地中海只有"勇士号"唯一一艘战列舰。地中海现在的形势

希特勒（蜡像）

比以往任何时候都对意大利舰队有利。

意大利海军应向克里特岛以南海域出击，威胁英国对希腊的供应线，甚至还会完全切断英国对希腊的兵力输送。

这份颇具诱惑力的电报果然见效了。亚基诺顾虑顿消，开始一步步走向德国人设下的陷阱。他放下所有的担忧，意欲远离本土作战，冒可能丧失战列舰之险。此后的灾难和厄运自然而然地跟定了他。

希特勒软硬兼施，终于让意大利消除顾虑开始了袭击计划。德国人和亚基诺上将直接商定了德方空中协助作战的细节，其中规定在意海军从墨西拿海峡出来的第一天，由德第十航空兵团进行护航和军舰识别的演习。

3月26日晚，意大利军舰分批出航。

亚基诺率领由旗舰"维托里奥·威内托号"战列舰和两艘驱逐舰组成的第一舰群，从意大利西海岸基地那不勒斯出发了。由重巡洋舰"求拉号""波拉号""阜姆号"和4艘驱逐舰组编的第一分队以及由轻巡洋舰"阿布鲁齐号""加里博尔迪号"和两艘驱逐舰组编的第八分队，分别从塔兰托港和布林迪西港出发。

3月27日拂晓，亚基诺率领的舰队安全通过墨西拿海峡，中午11时，连同由重巡洋舰"特里埃斯太号""塔兰托号""博尔藏诺号"和3艘驱逐舰编成的第三分队在内的4个航母舰群，在浓浓海雾中悄悄会合。一场大海战即将爆发。

海上鏖战

英舰队
明修栈道暗度陈仓

自1941年3月25日以后，意大利加强了对英国地中海舰队，特别是对亚历山大港的侦察活动。

英坎宁安上将对意军的这些行动作出了如下推测："要么是意大利人马上要发起一次大的舰队行动，最大可能是要袭击只有少数舰艇护航的英国运兵船队；要么就是意大利人要掩护他们自己的部队在希腊或者利比亚的昔兰尼加登陆或是进攻马耳他岛。"

与此同时，坎宁安又接到潜艇发来的报告，得知意大利舰队已经出航，于是他马上命令加强空中侦察。3月27日，英国情报人员报告了亚基诺舰队的行踪。坎宁安对意军的速度之快大感意外，他立即下令让正在海上航行的运输船队天黑前继续前进，天黑后按原路返回。同时命令从比雷埃夫斯港向南开进的运输船取消行期，天黑以前，战列舰须在港内集结待命。坎宁安导演的"暗度陈仓"计果真迷惑了意军。

3月27日下午14时，一架意大利侦察机掠过亚历山大港上空时发回报告：看见3艘战列舰、两艘航空母舰和数目不详的巡洋舰停泊在港内。意大利人尚蒙在鼓里，丝毫不知假象后面正酝酿着一场大规模的海战。

当日下午，意大利间谍发现，坎宁安上将提着手提箱大模大样地上了岸，同时主要的参谋人员也随之离船登陆，船上的天篷也打开了，似乎意在"请人吃饭……"

意军怎么也不会想到，这只不过是英国人在"明修栈道"罢了，真正"暗度陈仓"的还在后面呢。正在爱琴海担任护航任务并由海军中将普里德

姆·威佩尔指挥的英巡洋舰分队已奉命于3月28日早晨6时30分到达克里特岛以南20海里和加夫多斯岛以南30海里的海域待命。希腊一支驱逐舰编队也受命随时做好战斗的准备。

下午15时30分，"无畏号"神秘地驶离了港口。夜幕降临时，码头上人头攒动，一片忙碌，舰队正在加紧备战，军港的气氛紧张而庄重。19时整，舰队悄悄起航，借着夜幕的掩护，急速向西北方向驶去。

此时此刻的英国人士气高昂，个个摩拳擦掌，严阵以待。而倒霉的意大利人却对自己即将遭受的灾难毫无觉察。英军在同意大利军队作战过程中的战略战术优势已很明白地摆在眼前，意军要想取胜，实非易事。

英国"无畏号"战列舰

英、意两国舰队
海上斗智

　　马塔潘角海战的序幕已经开始，英、意两国舰队在地中海上玩起了互相欺诈的招数。

　　1941年3月27日中午，英"无畏号"航空母舰上起飞的一架"桑德兰"式侦察机飞临意舰上空。而此时，意大利舰队正眼巴巴地等待着参加演习的德国飞机的出现。12时20分，"桑德兰"出现在意军的视线中，但还只是一个黑点，亚基诺开始还以为是希特勒信守诺言而心生感激，但随着飞机轮廓的清晰显露，他满腔的喜悦和感激之情变成了惊恐和愤怒。

　　他的舰队已经暴露，"出其不意"的先决条件就这样轻而易举地让英国人给破坏了。亚基诺于是发电请求返航，但海军参谋部却命令他继续航行，寻机作战。无奈，亚基诺命令第三分队将航向由134度改为150度，企图以此迷惑英国人。

　　3月28日5时55分，英"无畏号"航母上接连升起了8架飞机，试图进一步加强对敌情的侦察和搜索。当日拂晓，威佩尔中将率领的B战斗群按时赶到克里特岛以南海域。

　　7时45分，威佩尔的旗舰"奥赖恩号"上的观察哨发现了舰尾10度方向有烟雾出现。约10分钟后，由3艘巡洋舰、3艘驱逐舰组成的舰队清晰地显示在望远镜里。这是意海军中将桑森尼蒂率领的第三舰群。威佩尔马上向坎宁安报告了这一情况。

　　其实，就在英军发现意舰的同时，意军也发现了英军。6时35分时，从"维托里奥·维内托号"弹射出去的侦察机就发现了威佩尔的舰队。亚基诺

当即下令给最先头的第三舰群，命令桑森尼蒂海军中将与英舰接触，他自己率"维托里奥·维内托号"予以支援。此时两舰队相距只有50海里。

威佩尔自然知道敌我力量对比悬殊，对方巡洋舰上装备的200毫米大炮射程远远超过他的150毫米大炮，航速也快自己2.5节。于是，他立即将航向改为140度，航速增至28节，意欲全舰向东南100海里处坎宁安上将的舰队行驶，把意舰引向自己的主力舰队。

面对千载难逢的有利时机，桑森尼蒂岂会轻易放弃？他立即下令提高航速，死死咬住英舰不放，双方距离眼看着越来越小。

8时12分，意巡洋舰200毫米大炮开火了。威佩尔不敢应战，高速撤退，尽量避免遭受火炮的攻击。8时29分，当双方距离缩短到12海里时，在此之前曾躲过了炮火袭击的"格洛斯特号"开始还击意舰。但未中目标，只是让意舰一度被迫转变航向。

8时55分，意舰突然停止射击，向左转了一个圈，然后驶向西北。意舰何以会如此？亚基诺自有他的考虑。这位有着长期的海上作战指挥经验的海军上将对英国人的战斗作风了如指掌。他对英巡洋舰的撤退行动表示怀疑。

而此时，意舰已远离加夫多斯岛，距托布鲁克港还有一半的路程，缺乏空中掩护的意舰队随时都可能遭到英军空袭。如不撤退，必定吃亏。于是便有了意军主动停止射击的一幕。

但亚基诺没有想到的是，他刚才中了威佩尔的"拖刀计"，此时已不知不觉向坎宁安舰队主力接近了约50海里。而此刻坎宁安正以22节的航速沿310度航向向他扑来。

威佩尔见意舰停止了追击，马上掉头跟踪，以免失去目标。于是，海上便出现了戏剧性的一幕，原来追赶的反过来成了被追赶的。而令威佩尔没有想到的是，意大利人正在重演他刚才的伎俩，反施"拖刀计"，企图将其引入意军设置的海上陷阱。

此时的地中海上阳光明媚，全然没有即将开战的沉闷气息。威佩尔舰队上不知危险将至的炮兵们轻松地坐在炮塔上，大嚼炊事员送来的三明治和牛

肉罐头。殊不知在他们左舷几海里处，那艘拥有380毫米口径火炮的战列舰"维托里奥·维内托号"，正虎视眈眈地注视着他们。

10时25分，"维托里奥·维内托号"上的火炮开火了。威佩尔加发三项紧急命令："全力放烟！""全体180度转向！""全速前进！"英舰立刻掉头转向，飞快地向东南方撤去。

但很快，桑森尼蒂又向左舷调转航向，意军再次形成了钳击之势。此时的威佩尔真的是腹背受敌，危险万分。前有"维托里奥·维内托号"，后有桑森尼蒂的火炮。威佩尔几乎绝望了！就在此时，"无畏号"航母上起飞的6架鱼雷机从天而降，毫不费力就冲破了意舰的航空火炮网，向"维托里奥·维内

托号"连发6枚鱼雷，但全部偏离了目标。

尽管如此，整个战场的形势已大有改变，威佩尔摆脱了灭顶之灾，意舰却处于九死一生的境地。惊魂未定的亚基诺无心追赶英舰，急令停止追击，全舰队以28节航速沿300度航向转航。

在鱼雷机袭击意舰的时候，威佩尔舰队已经在浓烟中向坎宁安主力舰队靠拢去了。

行驶在大海上的军舰

意舰队棋差一着
全军覆没

　　几次交锋之后，英军逐渐掌握了战争的主动权。意舰却由主动慢慢走向被动。此次海战孰胜孰负已初现端倪。

　　威佩尔竭尽全力赶上了坎宁安主力舰队，但他万万没有想到，坎宁安下达给他的第一个任务就是要他打头阵追赶亚基诺，并要求他同意舰保持目力接触。此时，在克里特岛以南的亚基诺舰队正急急忙忙向塔兰托港驶去。而在其后东南方45海里的地方，坎宁安的3艘战列舰正以22节的稳定航速穷追不舍。但坎宁安明白，意舰在航速上占有明显的优势，如果仅是这样追下去，自己无论如何赶不上亚基诺，必须采取有效措施来迟滞意舰。于是，他一面不断派飞机侦察，一面派飞机袭击意舰。

　　14时20分，3架鱼雷机和两架战斗机从"无畏号"航母上起飞，与皇家空军同时对意舰进行轰炸。两架鱼雷机看见"维托里奥·维内托号"正调转舰首，立即从2440米的高空猛冲下来，拼命用机关炮扫射舰桥指挥台和甲板。

　　意舰周围立刻溅起巨大的白色水柱，舰上的水兵们惊恐地狂呼乱叫起来。戴利埃尔·斯特德驾驶的鱼雷机不顾一切，在意舰机关炮的火舌前飞上滑下。

　　领航员库克所在的鱼雷机多处中弹，在坠海的一刹那，它发射的鱼雷命中"维托里奥·维内托号"的舰尾，海水旋即汹涌而入。20分钟后，该舰引擎停止转动，舰体开始左倾，舰尾也开始下沉。

　　一番紧张的抢修之后，这艘受伤的战列舰又以16节的速度向前行驶了。但它此刻处境并不比刚才好多少，前方420海里的地方才是要去的塔兰托港，

而在其后65海里的地方，坎宁安舰队正穷追不舍。

坎宁安一心想吃掉这艘战列舰。18时，他发出命令：

> 如果威佩尔追上被击伤的战列舰，第二、第十四驱逐舰小队
> 将首先发起进攻。
>
> 如果敌战列舰没有受伤，主力舰队将随后跟进；如果巡洋舰
> 不能确定敌战列舰的准确位置，我将慢慢向北迂回，然后再向
> 西，明天早晨重新接触敌舰。

据此，英驱逐舰摆好了夜间攻击阵势。沃勒舰长指挥的由驱逐舰"斯图亚特号""格里芬号""猎狗号"和"浩劫号"组成的第十驱逐舰小队在前面担任警戒；麦克舰长指挥的由驱逐舰"贾维斯号""两面神号""努比亚号"和"摩霍克号"组成的第十四驱逐舰小队在舰队左舷前一海里处；民科尔舰长指挥的由驱逐舰"冬青号""赫里沃号"和"霹雳火号"组成的第二驱逐舰小队在舰队右舷前一海里处。这两个小队将在威佩尔与意军交火后立即发起鱼雷攻击。

经验丰富的老将亚基诺料定天黑前英国人追不上他，他目前面临的最大危险，是天黑前的空袭和天黑后的驱逐舰夜袭了。为确保安全，他以战列舰为核心将驱逐舰和巡洋舰紧密排列在一起。

战列舰左翼是第一巡洋舰分队，右翼是第三巡洋舰分队。第八巡洋舰分队和六驱逐舰小队则奉命返回布林迪西港。他还下令，英机来临时，所有舰艇都施放黑烟，同时，左右护航的巡洋舰和驱逐舰打开探照灯，以此迷惑英飞行员的眼睛。

天快黑时，8架英国飞机在暮色中像秃鹰般在意舰上空盘旋，意军的一举一动他们尽收眼底。但亚基诺对此只有叹气，因为对这些飞机意大利舰的对空火力够不到。他一面抱怨希特勒的失信，一面焦急地准备迎接凶多吉少的再一次海战。

　　19时15分，亚基诺下令左舷转向30度，向正西方向行驶，企图通过队形的变化来摆脱英国人或者打乱他们的进攻计划。

　　19时30分，在夜幕的掩护下，英国飞机迅速扑向了目标。意舰开始骚乱起来，大片的浓烟和急速转动的探照灯光把海面弄得一片狼藉。天空中高射炮火织出的火网更是让人头晕目眩。

　　乱糟糟的海面上，威廉斯海军中尉错把"波拉号"巡洋舰当成了对方的战列舰，并予以重击。"波拉号"被鱼雷击中后，电力设备失灵，3个防火舱灌满海水，主机也停止了转动，整个舰体完全瘫痪。

　　心烦意乱的亚基诺当时最盼望的就是德国飞机的空中支援，但再三催促，德第十航空兵团仍以英舰位置不明、难以识别为由拒绝出兵——多么冠冕堂皇的理由！亚基诺自然不信，但他又能怎样呢？兵权掌握在希特勒手中。

　　整整持续了15分钟的空袭停止后，海面再度恢复平静。亚基诺长长出了口气，好歹挺过了这次空袭。但很快他又想起了被鱼雷击中瘫痪在海上的

海上激战场景

"波拉号"巡洋舰。

20时18分，亚基诺命令第一分队的卡塔尼奥司令前去援助"波拉号"。21时，卡塔尼奥司令率领"扎拉号""阜姆号"巡洋舰和4艘驱逐舰离开主力以16节的航速向东南方向行驶，前去搭救"波拉号"。真可谓一着不慎，满盘皆输。亚基诺上将一心只想搭救"波拉号"，却不知英方主力舰队正在前方50海里处恭候他的大驾光临。

坎宁安一直误将"波拉号"当做他要寻找的那艘受伤的战列舰，并做出主力舰队投入交战，攻击进攻目标的命令。

22时40分，"勇士号"发现在左舷船头方向4.5海里处有不明舰艇，坎宁安当即决定把左舷一侧的驱逐舰"猎狗号"和"格里芬号"调到右舷去占领攻击位置。

但这道命令还未付诸行动，舰队右舷的"斯图亚特号"又发来警报，说在右舷船头250度方位，发现许多舰艇的巨大黑影，距离舰队正前方约两海里

处，从左向右行驶。

这正是受命前来救护"波拉号"的两艘巡洋舰和4艘驱逐舰。尽管坎宁安派出的侦察机整天都在严密监视受伤的意大利战列舰，第四驱逐舰小队和威佩尔舰队也在海上不停搜索和追踪，但由于飞行员在意舰航速上的错误报告，加上亚基诺为防万一而不断改变航向，坎宁安的舰队始终与意大利战列舰交错行驶。

坎宁安接到"斯图亚特号"的警报后，马上下令重新排成纵队迎敌。整个舰队死一般地寂静——马塔潘角海战的号角就要吹响了。

而此刻没有装备雷达的意舰就像瞎子一样，在暗夜里，冲着英军黑洞洞的炮口越驶越近。意大利人没有想到，英舰24门380毫米火炮、20门150毫米火炮和20门115毫米火炮正如箭在弦上，随时都可将所有的意舰炸成碎片。

23时27分，排在最前面的"猎狗号"驱逐舰上的探照灯突然打开，巨大的光束射向"阜姆号"巡洋舰。

"厌战号"和"勇士号"上的380毫米火炮同时开火，这艘倒霉的"阜姆号"巡洋舰的前后炮塔立刻被掀上了天，不知所措的水兵们在甲板上四处乱窜。30秒钟后，"阜姆号"再次受创，旋即起火。45分钟后，它燃烧着沉入茫茫大海。

没有配备雷达、只能依靠观察哨侦察敌情的意舰根本不能进行夜战，大炮没有夜视器材，夜间舰炮火力指挥更是无从谈起。面对英军的狂轰滥炸，卡塔尼奥除了震惊和慌恐，再无计可施。

"厌战号"和"勇士号"在击沉"阜姆号"后，将攻击目标指向了"扎拉号"。"巴勒姆号"也紧随其后对其侧舷轰击。

"扎拉号"在这种阵势下毫无还手之力，前炮塔被炸毁，其余的部分也被炸得东倒西歪。随后锅炉房爆炸，整个"扎拉号"成为一片火海。

凌晨2时，麦克的第十四驱逐舰小队赶到夜战现场，对它进行了最后致命的一击。凌晨2时40分，"扎拉号"再也无力支撑下去，在惊天动地的巨响中，带着卡塔尼奥司令和大部分舰员一起魂归海底。

意大利舰队序列中的先头舰"阿尔菲耶里号"在两艘巡洋舰遭到攻击的同时，也受到"巴勒姆号"的侧舷炮击。它曾一度脱离编队，但最终没能逃脱厄运。3时15分，在舰身倾斜严重的情况下，舰长被迫下令弃舰，"阿尔菲耶里号"终于沉入海底。15分钟后，驱逐舰"卡尔杜奇号"也在爆炸声中沉入大海。

相比之下，"焦贝蒂"和"奥里亚尼"两艘驱逐舰要幸运得多。后者虽有一部轮机被击毁，但却利用另一部轮机侥幸撤出战斗。前者是整个战斗中唯一未受损伤的军舰。战斗打响后，"焦贝蒂"见势不妙，即借烟幕和夜色保护溜之大吉。

可怜的巡洋舰"波拉号"不但是意大利人悲剧的引子，而且也是这场悲剧的唯一旁观者。它完全失去了活动能力，重炮无法转动，辅助炮的弹药又无法运送上来，只能眼睁睁地看着自己的同伴一个个被消灭，并无可奈何地等待英国人来消灭自己。

战斗结束后，英"贾维斯号"驱逐舰向"波拉号"抛去一条缆绳，狼狈不堪的意大利海军官兵沿着长条板走上"贾维斯号"，做了英军的俘虏。

3时40分，"贾维斯号"解开缆绳，脱离"波拉号"。不久，"波拉号"便被麦克舰队发射的鱼雷击沉。

1941年3月20日17时30分，英军地中海舰队披着绚丽的晚霞，载誉凯旋，亚历山大港的欢呼声经久不息。但坎宁安将军在内心里仍为没有消灭意大利战列舰而深感遗憾。

这是第二次世界大战中规模最大的一次夜间大海战，也是意大利海军最后一次像样的海战，意大利的重型舰只从此在地中海上销声匿迹。

英国虽然取胜，但也是经过几番周折才最终控制和封锁住了意大利出海东进的大门，为北非战役的胜利和最后攻取意大利创造了先决条件。

海上鏖战

第二次世界大战著名海战

北极航线战役

　　希特勒入侵苏联后，英国首相丘吉尔宣布将给苏联以支持和援助。由于种种原因，主要物资只能通过北极航线运往苏联。这条航线是一片令人生畏的冰雪世界，许多地区终年封冻，加之德军利用潜艇群及数百架轰炸机打击船队，使运送形势非常恶劣。尽管如此，盟国仍克服种种困难，向苏联运送了大量军火，为援助苏联打败法西斯作了贡献。

美英苏联合
开通北极航线

自闪击波兰、征服法国之后，希特勒把目光瞄准了苏联。

1941年6月22日，纳粹德国不宣而战，突然入侵苏联。尽管在这之前，苏联和英国的情报机关都向苏联高层发出了德国将要入侵的警报，但斯大林认为这是英国企图将苏联拖入战争的阴谋，因此不屑一顾，根本没有做好战争准备。战事爆发后，措手不及的苏联在德军强大攻势下，节节败退。

当晚，英国首相丘吉尔发表演讲说，他的政府将改变过去一贯反对共产主义苏联的立场，对苏联进行援助，并呼吁世界一切爱好和平的人们共同担负起援助苏联的责任。

6月23日，美国代理国务卿韦尔斯也发表声明，对德国侵略苏联表示强烈谴责。6月24日，美国总统罗斯福召开记者招待会，宣布所有抵抗法西斯轴心国的国家，包括苏联在内，都将得到美国的援助。7月初，英国驻苏大使克里普斯与斯大林、苏联外交部长莫洛托夫在莫斯科举行会晤。

7月12日，英苏签署《对德作战联合行动协定》。

7月底，美国总统特使霍普金斯访问苏联，与斯大林商讨援助苏联事宜。8月初，美国总统罗斯福和英国首相丘吉尔举行大西洋会议，会议期间，两人决定联合致函斯大林，提议召开三国代表会议，商讨援助苏联事宜。斯大林对此欣然表示同意。

9月24日至10月1日，美英苏三国代表在莫斯科举行会议，并签署《对俄国供应第一号议定书》协定，规定从1941年10月1日至1942年6月30日美英每月向苏联提供包括400架飞机和500辆坦克在内的军事援助，苏联则向美英提

供稀有金属等战略原料。

会后，罗斯福宣布向苏联提供10亿美元的无息贷款。

不久罗斯福又宣布苏联同样享受《租借法案》所规定的所有权利。

与此同时，英美在1941年9月份就已开始将大批物资、装备运往苏联。

当时通往苏联的国际交通线有三条：一是以海参崴为终点的太平洋航线；二是以黑海诸港口为终点的伊朗铁路；三是以北方诸港口为终点的北极航线。其中第一、二条路线由于受到战火、政治或是地理上的限制，运输量微乎其微，因此美英向苏联运送物资的主要交通线就只有北极航线了。

北极航线通常是指起点为冰岛，终点主要是苏联北方的两个港口摩尔曼斯克和阿尔汉格尔斯克的航线，该航线从冰岛至摩尔曼斯克距离约1800海里，至阿尔汉格尔斯克距离约2200海里，普通运输船航行需10至14昼夜，其中阿尔汉格尔斯克港还有长达半年的冰封期。

沿途经过海域基本在北极圈内，气候非常恶劣，终年严寒，航线上不时还会出现暴风、

英国首相丘吉尔

浓雾和流冰，夏季是极昼，冬季则是漫漫的极夜。如果在和平时期，这一航线是不会有航船通过的，然而在战争年代，为了援助苏联，盟国不得不选择了这条充满无数艰难险阻的航线。

其实，最危险的还不是气候的恶劣，德国在挪威还部署了大量的飞机、潜艇和军舰，随时可以投入作战，因此北极航线可以说是危机四伏的，但英勇的同盟国海员依然毫无畏惧勇闯北极航线，在千里冰海上谱写了一曲曲动人的篇章。

1941年9月28日，由一艘苏军巡洋舰和14艘运输船编成的第一支北极航线护航运输船队从阿尔汉格尔斯克前往冰岛，根据美英苏达成的协议，北极航线上的护航运输船队，从苏联前往英国的空载船队代号为"QP"，从英国前往苏联的满载船队代号则为"PQ"，编号均从"1"开始，因此这支船队代号为"QP—1"。

9月29日，英军一艘巡洋舰、两艘驱逐舰和10艘运输船组成的PQ—1护航

巡洋舰

船队从冰岛起航，驶往苏联的摩尔曼斯克。北极航线正式开通。

苏联为了保护运输船队的安全，除了船队中的护航军舰外，一接到船队起航的通报，苏军北方舰队立即起飞侦察机侦察挪威海岸和熊岛海域敌情和天气情况，然后将相关情报由盟军驻苏军事代表团再转告英国海军部，最后确定船队进入熊岛以东海域之后的具体航线。

与此同时，苏军的轰炸机、强击机对德军在挪威北部和芬兰的航空基地进行压制，潜艇在德军水面舰艇基地航道上展开，监视并攻击出航的德军舰艇。

护航船队进入北方舰队的作战海域后，苏军还派出驱逐舰、护卫舰和扫雷舰，加强护航船队的掩护兵力；海军航空兵也在船队上空始终保持6至8架飞机，以提供空中掩护；战斗机则在基地严阵以待，随时准备出动支援；在科拉湾和白海航道入口处投入反潜舰艇和反潜飞机进行反潜巡逻，搜索攻击在该海域活动的德军潜艇；扫雷舰艇在可能有水雷的海域进行扫雷作业；冬季还出动破冰船为船队破冰导航。

除此之外，英国也出动舰艇为船队进行直接护航，还派出巡洋舰和驱逐舰的混合编队进行近距离海上掩护，必要时甚至不惜出动本土舰队包括战列舰、航母在内的大型主力军舰为船队进行远距离掩护，而驻扎在冰岛的岸基航空兵也经常出动为船队提供空中掩护。

由于采取这些切实可行的措施，从1941年9月至12月，PQ—1至PQ—6船队以及QP—1至QP—6共12支船队没有任何损失，总共有包括669辆坦克、873架战斗机、1400辆卡车和10万吨弹药在内的物资顺利到达苏联。这些作战物资不仅从物质上有力支援了苏联战场，而且还作为世界反法西斯同盟联合抗战的象征，极大鼓舞了苏联军民的士气。

德国舰队
穿越英吉利海峡

苏联战场上越来越多的英美武器装备引起了德军的警惕，希特勒敏锐地意识到北极航线的价值，尤其令希特勒担心的是若英苏联手进攻挪威，切断对德国的铁矿石供应，后果将不堪设想。

鉴于此，德军开始向挪威调集兵力，一方面加强挪威的防御，一方面切断北极航线。

1941年12月下旬，德军首次在熊岛以南组成一个由3艘潜艇组成的"乌兰"艇群，用于攻击同盟国的北极航线运输。

同月月底，PQ—7护航船队的第一部分PQ—7A船队两艘运输船从冰岛起航。

两天后，德军乌兰艇群中的U—134号潜艇在北极海域发现并首次攻击了PQ—7A船队，击沉英国"瓦齐里斯坦号"运输船，这是同盟国在北极航线上损失的第一艘运输船。另一艘运输船安全到达目的地。

为了打击盟军的运输活动，1942年1月12日，希特勒召集海军司令雷德尔元帅、空军参谋长耶修尼克上将和战斗机部队司令加拉德中将举行秘密军事会议，讨论在法国布勒斯特港的"沙恩霍斯特号"战列巡洋舰、"格奈森瑙号"战列巡洋舰和"欧根亲王号"重巡洋舰突破英国海空军的封锁，转移到挪威的计划。

尽管与会者认为这一行动非常冒险，一旦走漏风声，这3艘军舰不但会遭到英国本土空中力量猛烈打击，还将受到屯兵北海强大的英国本土舰队迎头拦截，后果难以设想。但在希特勒的坚持下，还是经过周密研究，制订了作

战计划。具体分工是：

空军负责对舰队的空中掩护；海军任务则相当艰巨，既要进行扫雷、护航、防空甚至海战，还要进行战役欺骗。

雷德尔指派西里西阿科斯海军中将为战役总指挥，作战代号"瑟布鲁斯"，瑟布鲁斯是希腊神话中地狱的看门狗，长着三个头和龙的尾巴，凶猛无比，最后由大力士赫尔克里斯把它制服并从地狱带回了米克涅，使用这一名称的潜台词就是完成了被认为是无法完成的事情。

从布勒斯特到挪威主要有两条航线，一条是经过爱尔兰的西航线；另一条则是穿越英吉利海峡的东航线。西航线距离较远，如果没有强大的空中掩护，将会长时间遭到英国海空军的大力围剿，危险较大；东航线距离虽短，但要穿越英国海军的禁区——英吉利海峡，海峡中英军布有大片水雷，英军在多佛尔部署有大口径岸炮，可有效封锁海峡，而且沿海峡港湾英军还驻有大量的驱逐舰和鱼雷艇部队，可随时出动拦截。

但德军考虑到英军认为英吉利海峡设防严密，德军不敢轻易穿越，思想上比较麻痹，只要采取严格的保密措施和伪装欺骗，达成隐蔽性和突然性，不等英军作出反应，舰队就已突破封锁了，因此选择东航线。

计划实施当天，德国空军投入第二和第二十六战斗机大队，共180架ME—109和FW—190战斗机，还有60架ME—109和30架ME—110战斗机为预备队，保证舰队上空时刻有36架战斗机掩护。

并将整个航行区域划分为3个区域，每个区域机场配备了足够的地勤人员和设备，以便使飞机能在着陆后半小时内完成加油加弹重新起飞，各机场之间采用多线路通讯网联系，并加强配备了一部带高速密码机的长波电台。

加拉德中将还派通讯业务能力过硬的依贝尔上校随舰队旗舰"沙恩霍斯特号"行动，担任海空联络组长，并在每艘军舰上加装对空、对岸电台，以加强海空、海岸联系。

1942年1月17日，德国海军最大的军舰、满载排水量达48000吨的"提尔比兹号"战列舰，从德国基尔到达挪威阿尔塔峡湾。

1月中旬起，德国海军出动第一、第二、第四、第五和第十二扫雷支队及第二、第三和第四摩托扫雷艇支队，共约80艘扫雷舰艇对英吉利海峡和北海南部海域进行持续近一个月的扫雷作业，共清扫出98枚锚雷和21枚磁性水雷，在此过程中，德军损失驱逐舰和扫雷艇各一艘。

为了获取准确的气象信息，德军还专门派出3艘潜艇侦察海峡天气、水文和潮汐，随后根据取得的数据，分析确定突围行动只能在2月11日至13日3天中，又因为2月13日是星期五，是黑色的倒霉日，所以德军确定2月11日晚8

潜艇

时开始行动，12日白天通过海峡。

1942年1月底至2月初，德战斗机部队和3艘舰进行了为期8天的联合演习。

为了使盟国不至于识破轴心国的作战意图，德军散布消息声称3艘舰将开赴大西洋或太平洋作战，西里西阿科斯还煞有其事在巴黎采购大批热带军服和遮阳墨镜，并委托法国海军准备热带使用的火炮润滑油。

2月11日，德军在布勒斯特实行戒严，淡水、食品、燃料和弹药被秘密运上军舰，在大批卡车开足马力的噪音中3艘舰开始试航。而作为欺骗计划的一部分，德国海军举办盛大宴会，邀请布勒斯特各界名流参加。

黄昏时分，西里西阿科斯向设在各地的海空军指挥部发出密码电报：

"一切准备就绪！"

晚上20：30时，3艘军舰起锚缓缓出港，"沙恩霍斯特号"（以下简称沙舰）为首，"格奈森瑙号"（以下简称格舰）居中，"欧根亲王号"（以下简称欧舰）断后。由于长期没有出海，欧舰的锚链升起一半就被卡死，舰长林克曼上校只得下令砍断锚链。

当时天黑雾浓，能见度很低，沙舰出港后不久就迷失了方向，舰长霍夫曼上校只好凭着友舰的发动机声音来航行。

舰队还未驶远，20余架英军轰炸机飞临布勒斯特进行轰炸，3艘舰赶紧返回港内，并打开探照灯组织对空射击，造成3艘舰还在港内的假象。

当英机返航后，3艘舰再重新出港，经过这一番折腾，比预定计划延迟了两个多小时。但总算一切顺利，出海后3艘舰都以31节的高速航行，在这3艘舰的侧翼，6艘驱逐舰和14艘鱼雷艇担负警戒，空中德军战斗机也按时赶到，提供空中掩护，所有军舰和飞机都保持着严格的无线电沉默。

由于鱼雷艇吨位较小，携带燃料也少，所以不断有新的鱼雷艇赶来换班，一切都井然有序。

2月12日晨8时50时，经过大半夜的高速航行，又是顺风顺水，3艘舰竟把出海时耽误的两个多小时的路程全都补了回来，按照原计划驶过科汤坦半岛的阿格角，而英军此时还蒙在鼓里一无所知。

天亮后，厚厚的云层低垂，能见度依然很低，使德军成功地逃脱英军的雷达监视，大模大样地行驶在英吉利海峡。

敌方舰队大白天在英吉利海峡航行，这是自1588年西班牙无敌舰队进犯英国以来从来没有过的。

10时14分，3艘舰驶过塞纳河口，接近多佛尔。10时42分，一架英军侦察机掠过舰队上空，飞行员向基地报告：3艘战列舰和20多艘其他舰艇正高速逼近多佛尔。西里西阿科斯下令升起防空警戒旗，并进入最高戒备，准备战斗，同时向海空军各指挥部通报被英机发现。德军部署在沿海机场的大批战斗机迅速进入高度戒备，飞行员全部进入座舱，发动引擎，随时准备升空作战。

然而英军指挥部接到侦察机报告，却根本不相信德军舰队敢于白天进入海峡，认为是飞行员看错了，因此不以为然。

11时25分，3艘舰驶到多佛尔海峡最窄处，此时因为海峡水浅，德舰不得不降低航速。3艘舰经过布格涅时，德军又有15艘鱼雷艇加入舰队，而且德国空军的电子对抗也达到最高潮，不但对沿海地面干扰站开足马力施放干扰，还有多架带有干扰设备的轰炸机在海峡上空实施强电子干扰，使英军雷达站彻底瘫痪。

当德舰驶到勒图盖时，终于被英军岸炮目视发现，随即遭到英军岸炮的

猛烈炮击，但没有任何损失。

直至此时，英军才终于清醒过来，但为时已晚。

为了维护大英帝国的海权尊严，英国海军采取一切措施实施拦截，首先从多佛尔和拉姆斯盖特两地分别出动5艘和3艘鱼雷艇，但德军驱逐舰击伤3艘鱼雷艇，成功击退英军鱼雷艇的攻击。

接着英军第825中队的6架"剑鱼"鱼雷机从曼斯顿机场紧急起飞，领队长机是曾经参加过攻击德军"俾斯麦号"战列舰的埃斯蒙德少校。

他深知战况紧急，所以没有等护航战斗机起飞就匆匆率队投入攻击，这些时速仅225千米的老式飞机在德舰密集对空火力和德军战斗机的联合打击下，刚一接近德舰就有4架被击落，只有两架投下了鱼雷，也被德舰轻易规避过去，而这2架飞机也没逃脱被击落的厄运。

埃斯蒙德少校在战斗中阵亡，因他在此次战斗中表现英勇，被追授英国最高荣誉维多利亚十字勋章。

尽管德舰接连成功摆脱英军的海空攻击，但西里西阿科斯处境仍很艰难，舰队正航行在英吉利海峡最狭窄处，西侧是英军的岸炮，东侧又是危险的水雷区，而西北方英军密布的军港里大批舰艇也随时可能出海拦截，形势并不容乐观。

英军接下来从康沃尔、朴茨茅斯、曼斯顿、诺福克等地出动一切可以出动的飞机，竭尽全力进行攻击，力求击沉德舰。

但英军从指挥员至飞行员，既没有预先计划，又没有应急方案，准备仓促，先后出动550架次轰炸机、360架次战斗机，却只有39架轰炸机实施了攻击，投掷炸弹千余吨，仅击沉德一艘巡逻艇，击伤两艘鱼雷艇，3艘主力舰毫发无损。

反观德军，早有充分准备，海空联络通畅，战斗机在军舰上的联络组准确引导下，及时占据有利阵位，与德舰高射火力形成有效的舰空协同火力，给予英机沉重打击。在激战中，英军损失飞机49架，德军仅损失飞机17架。

中午过后，德舰从距比利时海岸18海里处通过多佛尔海峡，进入开阔的

荷兰海域，3艘舰航速恢复至27节，胜利在望！

但英军不放过最后机会，正在多佛尔以北60海里哈里奇港进行战备训练的驱逐舰编队，是英国海军水面舰艇部队中唯一来得及截击德舰的部队。编队指挥员皮兹海军上校明知荷兰海域密布水雷，而且德舰主炮火力比英舰强得多，仍毫不犹豫地率领编队出海，并成功赶上了德舰。

在德舰猛烈火力反击下，英舰的最后攻击还是以失败告终，英军"伍斯特号"驱逐舰遭重创，艰难返回哈里奇港。

正当德军3艘主力舰安全突出英军封锁，眼看大功告成之际，沙舰突然触雷，丧失动力，西里西阿科斯只得率领其指挥部人员转移至"Z—29号"驱逐舰。不多时，"Z—29号"驱逐舰的主机因长期高速行驶而损坏，速度逐渐慢下来，直至完全停驶。

急不可待的西里西阿科斯换乘汽艇追赶舰队，不料沙舰经过抢修恢复了正常航行，从汽艇旁驶过，令西里西阿科斯哭笑不得。经过这番折腾，西里西阿科斯再次回到沙舰。

19时55分，舰队行驶到荷兰西北西弗西亚得群岛海域，沙舰和格舰相继触雷，沙舰已经是第二次触雷了，伤势相当严重，好在经过抢修，两舰又很快恢复了航行。

1942年2月13日凌晨，德舰驶入德国海域，沙舰和格舰前往杰得湾船厂修理，只有福星高照的欧舰毫发无损，经基尔运河前往挪威。

这一事件在英国国内引起了轩然大波，朝野上下纷纷指责英国海军的无能，因为自1588年西班牙无敌舰队入侵英国以来，数百年间还没有任何力量敢于如此挑战大英帝国的制海权！

但是从战略上而言，这一使英国海军蒙受奇耻大辱的行动，却并不是一次糟糕的行动，因为德国海军硕果仅存的大型水面舰艇调往挪威，离开了大西洋这一主要战场，在天寒地冻的挪威海，即使尽显神威，对整个战争的影响和作用也大为降低。尽管德国海空军在此次作战行动中，表现出了少有的足智多谋，但结局却不甚理想。

2月21日，德军"舍尔海军上将号"袖珍战列舰和"欧根亲王号"重巡洋舰在4艘驱逐舰的护卫下，从德国布龙斯比特尔科克港起航，前往挪威。德军舰队刚一出航就在北海南部被英军侦察机发现，英军随即出动轰炸机进行攻击，却只有一架轰炸机找到德舰，在对"欧根亲王号"重巡洋舰投下炸弹后被德舰高炮击落。次日，德军舰队驶入挪威格里姆斯坦峡湾锚泊，进行短暂休整后于当天黄昏再次起航。

不久，部署在特隆赫姆海域的英军4艘潜艇组成的潜艇群发现了德军舰队，"三叉戟号"潜艇对德舰实施了攻击，击伤"欧根亲王号"。

英军本土舰队司令托维海军上将闻知德舰出海的讯息后，亲自率领"胜利号"航母、"英皇乔治五世号"战列舰、"贝里克号"重巡洋舰和4艘驱逐舰组成的舰队，前去截击德军舰队，也未获成功。

终于，"沙恩霍斯特号"修复完毕，也北上进入挪威，而她的姐妹舰"格奈森瑙号"在船坞修理中又遭英军一枚454千克穿甲弹命中上甲板，死112人，伤21人，军舰也遭到了重创，只好在船坞中继续修理。修理工程一拖再拖，直至1943年2月，因战局恶化，海军总司令邓尼兹下令终止了修复工程，将修复的原料转用于其他工程，并拆除舰上的火炮和装备。

至此，德军在挪威共集结了包括"提尔比兹号"战列舰、"舍尔海军上将号"和"希尔海军上将号"袖珍战列舰、"沙恩霍斯特号"战列巡洋舰、"欧根亲王号"重巡洋舰等主力水面舰艇在内的大批军舰，还有4个潜艇群约20艘潜艇。

航空兵为第五航空队，拥有各型飞机约200架，并于1942年3月成立北方海军指挥部，统一指挥、协调所有在挪威的海空兵力，盟国的北极运输线面临严峻考验。

希特勒不惜代价
驰援挪威

希特勒不惜代价以地中海调集海空力量支持挪威，是为了阻止盟军对苏联的援助，尽早结束德苏战争，以腾出手来对付美国，实现其称霸全球的野心。

然而，随着战争的继续，盟国军事力量日渐强大，他的这一图谋也逐渐破产，请看如下记录：

1942年1月17日，德军乌兰艇群所辖的"U—454号"潜艇发现从冰岛起航的编有8艘运输船和两艘驱逐舰的PQ—8护航船队，立即攻击了该船队，击伤一艘运输船，击沉一艘驱逐舰。该驱逐舰上的官兵除两人以外，全部葬身大海。

1942年2月间，同盟国的PQ—9、PQ—10和PQ—11三支船队均未遭损失，安全抵达目的地。

3月1日，编有16艘运输船的PQ—12船队和编有15艘运输船的QP—8船队分别从冰岛和苏联科拉湾起航，为了保护这两支船队，英国海军本土舰队首次出动3艘战列舰、一艘航母、一艘巡洋舰和两艘驱逐舰组成的舰艇编队，进行远距离掩护。

3月5日，德军侦察机发现了PQ—12船队，德军北方海军指挥部随即派出了4艘潜艇前往截击。

3月6日，德军"提尔比兹号"战列舰和4艘驱逐舰也从挪威阿尔塔峡湾紧急出航，傍晚英军"海狼号"潜艇发现德军舰队马上向海军部报告。

午夜，英国海军部将这一情况转告正在PQ—12船队以南的掩护编队。掩护编队接到通报，便全速向东，以迎击德军舰队。

3月7日中午，PQ—12船队和QP—8船队在熊岛以南约200海里处相遇，随即又交错而过。

此时，德军舰队正从PQ—12船队后面数海里处，即QP—8船队前方数海里处通过，虽然彼此距离仅数千米，但因为能见度太低，双方都未发现对方。

直至黄昏时分，德军舰队才发现QP—8船队的一艘掉队船只，将其击沉。而两支船队的其余船只则安全抵达目的地。

3月8日，远距离掩护编队的"胜利号"航母起飞12架舰载鱼雷机，攻击了德军"提尔比兹号"战列舰，而从挪威起飞的德军3架容克—88轰炸机也攻击了"胜利号"，双方均无收获。

3月20日，PQ—13船队从冰岛起航，该船队编有19艘运输船，护航军舰为一艘巡洋舰、两艘驱逐舰、两艘扫雷舰和两艘猎潜艇。

3月21日，由19艘运输船组成的QP—9船队从苏联摩尔曼斯克起航。

3月22日，英军本土舰队出动两艘战列舰、一艘航母、一艘巡洋舰和10艘驱逐舰，为上述两支船队提供远距离掩护。

战舰

　　3月23日，QP—9船队在通过德军4艘潜艇组成的巡逻线时，护航兵力中的一艘扫雷舰发现并撞沉德军"U—655号"潜艇。

　　3月24日，海面突起风暴，PQ—13船队在风暴中队形完全被打乱，19艘运输船分散在熊岛以南方圆150海里的广阔海域。船队指挥竭尽全力收拢船只，重新集队。

　　3月27日，德军侦察机发现该船队，随即德军出动6艘潜艇和第八驱逐舰支队的3艘驱逐舰前去攻击。

　　3月28日，德军出动28架容克—88轰炸机空袭该船队，先后击沉两艘运输船。

　　3月29日凌晨，德军驱逐舰击沉一艘掉队的巴拿马籍运输船，并从俘虏的该船船员口供中了解到大量关于船队的情况。根据这些情况，德军3艘驱逐舰调整了搜索航向，9时许便追上了该船队。

　　护航军舰中的主力战舰英军"特立尼达号"巡洋舰和另两艘驱逐舰立即上前迎战，双方随即展开激战。德军"Z—26号"驱逐舰被击沉，"Z—24号"和"Z—25号"驱逐舰则重创英军一艘驱逐舰，然后见难以突破护航军舰的掩护，便救起"Z—26号"的96名落水官兵后匆匆返航。

　　英军"特立尼达号"巡洋舰在战斗中被己方驱逐舰所发射的鱼雷误击，遭到重创，但仍坚持航行。途中德军"U—585号"潜艇企图趁火打劫，攻击蹒跚而行的"特立尼达号"，结果偷鸡不成反蚀米，反被掩护的英军驱逐舰击沉。

　　3月30日，德军"U—376号"和"U—435号"潜艇分别击沉一艘掉队运输船。

　　3月31日和4月1日，PQ—13船队的其余船只陆续抵达苏联摩尔曼斯克。

　　4月2日，QP—9船队顺利到达冰岛。

　　此次护航战中，同盟国PQ—13船队损失5艘运输船，总吨位约28000吨，还有巡洋舰和驱逐舰各一艘遭重创。德军损失驱逐舰和潜艇各一艘。

　　4月3日，德军出动大批轰炸机空袭苏联摩尔曼斯克港，PQ—13船队中两

艘正在进行卸货作业的英国运输船被炸沉。

4月8日，PQ—14船队从冰岛出发，该船队编有24艘运输船，护航兵力为5艘驱逐舰、4艘护卫舰、两艘扫雷舰和4艘反潜拖网渔船，鉴于PQ—13船队曾遭遇德军驱逐舰，此次英军特意还派出两艘巡洋舰和两艘驱逐舰担任近距离掩护。

出航不久，船队就在扬马延岛附近遇到了大面积流冰，先后有16艘运输船和两艘扫雷舰被冰块撞伤，被迫返回冰岛。

4月10日，编有16艘运输船的QP—10船队从苏联科拉湾起航，护航兵力为一艘英军巡洋舰、5艘驱逐舰、一艘扫雷舰和两艘反潜拖网渔船。

次日，英国本土舰队派出了由两艘战列舰、一艘航母、两艘巡洋舰和8艘驱逐舰组成的舰艇编队，前往冰岛至挪威之间海域，以掩护这两支船队。

同一天，苏军出动飞机空袭了德军基尔克内斯机场，以压制德军航空兵，减轻船队可能的空袭威胁，但收效甚微。德军当天仍从该机场出动12架容克—88轰炸机空袭了QP—10船队，并击沉一艘运输船。

4月12日夜间，德军"U—435号"潜艇突破QP—10船队的警戒，击沉两艘运输船。

4月13日清晨，德军出动22架容克—88轰炸机再次攻击了QP—10船队，又击沉一艘运输船。不久，德军侦察机发现了PQ—14船队，因此德军潜艇和第八驱逐舰支队相继出动，前去截击。

4月15日至17日，德军飞机对PQ—14船队进行了多次攻击，由于船队护航军舰对空火力密集，船只规避得力，没有受到任何损失。而德军"U—376号""U—377号"和"U—456号"潜艇对QP—10船队进行了多次攻击，也是一无所获。

4月17日，德军"U—403号"潜艇找到并攻击了PQ—14船队，击沉一艘运输船，而德军驱逐舰因能见度太低，没有发现船队，无功而返。

4月19日，PQ—14船队到达摩尔曼斯克，在24艘运输船中有16艘因被流冰撞伤而中途折返，一艘被击沉，只有7艘到达目的地。

第二天，QP—10船队抵达冰岛，该船队共损失4艘运输船。两支船队总共损失5艘运输船，总吨位约31000吨。

一周后，PQ—15船队从冰岛起航，该船队编有25艘运输船，护航军舰有6艘驱逐舰、一艘防空舰、一艘飞机弹射母舰、4艘扫雷舰和4艘反潜拖网渔船，护航军舰中新增加的防空舰和飞机弹射母舰是为了抗击德机而专门派出的。近距离支援兵力为两艘巡洋舰和两艘驱逐舰。

为了阻止德军主力战舰"提尔比兹号"出海，英军于4月27日和4月28日分别出动54架次"哈利法克斯"中型轰炸机和23架次"兰开斯特"重型轰炸机，连续对锚泊在挪威特隆赫姆的"提尔比兹号"战列舰实施空袭。

由于德军防空措施极其有效，防空火力部署得当，又施放烟雾进行隐蔽，加之德舰锚泊峡湾地形狭窄，英机难以发挥优势。因此英军损失7架飞机，却未对"提尔比兹号"造成任何损害。

随后，编有13艘运输船的QP—11船队从苏联摩尔曼斯克出航，护航兵力为4艘驱逐舰、4艘护卫舰、一艘反潜拖网渔船，近距离支援兵力为一艘巡洋舰和两艘驱逐舰，船队在苏联领海航行时还得到苏军两艘驱逐舰和一艘扫雷舰的伴随护航。英国本土舰队照例在挪威至冰岛之间展开水面舰艇编队，以掩护两支船队安全，这支舰艇编队由两艘战列舰、一艘航母、3艘巡洋舰和8艘驱逐舰组成。

不久，德军侦察机发现QP—11船队，德军随即出动3艘驱逐舰和7艘潜艇前去攻击。德军潜艇追上了QP—11船队后，"U—430号"攻击了正在船队前方开道的近距离支援编队中的英军"爱丁堡号"巡洋舰。"爱丁堡号"被两枚鱼雷击中，舰尾被炸掉，只得在两艘驱逐舰护卫下返回摩尔曼斯克。

而随后赶到的德军驱逐舰多次向船队发起攻击，都被护航军舰击退。最后德军驱逐舰干脆放弃了对船队的攻击，转向寻找受伤返航的"爱丁堡号"。

为了救援"爱丁堡号"，英军从摩尔曼斯克紧急出航的4艘扫雷舰、一艘巡逻舰和一艘反潜拖网渔船，加入掩护其返航的队列。但担负远距离掩护的

本土舰队水面舰艇编队因能见度太低，发生舰艇碰撞事故，"庞杰比号"驱逐舰被"英皇乔治五世号"战列舰撞沉。

一天后，德军3艘驱逐舰追上了"爱丁堡号"，双方展开了激战，"爱丁堡号"虽然已遭重创，机动性大受影响，但火炮依然能够正常使用，其203毫米大口径主炮连连发威，重创德军"赫尔曼·舍曼号"驱逐舰。

战斗中"爱丁堡号"又被一枚鱼雷击中舰中部，几乎被炸成两半，只好弃舰，最后由英军"远见号"驱逐舰发射鱼雷将其击沉。

而德军另两艘驱逐舰"Z—24号"和"Z—25号"则发挥出色，接连重创两艘英军驱逐舰，后因把英军4艘扫雷舰误为4艘驱逐舰，不敢恋战，救起"赫尔曼·舍曼号"驱逐舰落水舰员，匆匆返航。

PQ—15船队由于其护航力量比较强，中途击退了德军潜艇和航空兵的攻击，毫发无损。直至后来德军6架亨克尔—111鱼雷机才攻击得手，击沉两艘运输船，击伤一艘运输船，后该船因伤掉队被德军"U—251号"潜艇击沉。

5月5日，PQ—15船队到达摩尔曼斯克。随后，QP—11船队也驶抵冰岛。

此次护航战，尽管两支船队只损失了4艘运输船，总吨位约18000吨，但护航军舰损失惨重，沉没巡洋舰、驱逐舰和潜艇各一艘，还有两艘驱逐舰遭重创。

5月21日，由35艘运输船编成的PQ—16船队从冰岛出发，5艘驱逐舰、4艘护卫舰、一艘扫雷舰、4艘反潜拖网渔船和两艘潜艇担负护航，近距离掩护兵力为4艘巡洋舰和3艘驱逐舰，还有8艘潜艇负责侧翼警戒。

5月25日，德军侦察机发现该船队，随即出动19架亨克尔—111鱼雷机和6架容克—88轰炸机前来攻击，盟军护航兵力比较强大，防空火力也相当猛烈，击落德机3架，只有一艘运输船被击伤，后被拖回冰岛。

天黑后，德军"U—703号"借助夜色掩护，对船队发起攻击，击沉一艘运输船。

次日，英国海军部考虑到附近海域德军潜艇活动猖獗，不愿其水面舰只受到不必要的损失，遂命令近距离掩护编队的4艘巡洋舰和3艘驱逐舰离开护

航船队返回。

德军7架亨克尔—111鱼雷机和11架容克—88轰炸机乘机发动攻势，此次空袭战果显赫，共击沉5艘运输船，击伤3艘运输船和一艘驱逐舰，德军损失飞机4架。

尝到甜头的德军再次出动大批飞机攻击PQ—16船队，但均被护航军舰击退。中午前后，6艘从苏联科拉湾出航的英军扫雷舰加入船队。随后PQ—16船队一分为二，6艘运输船在一艘驱逐舰、一艘护卫舰和两艘扫雷舰的掩护下，驶往阿尔汉格尔斯克港，其余船只则驶向科拉湾。

为了阻止PQ—16两支船队抵达目的地，稍后德军对PQ—16船队的两部分都发动猛烈空袭。此时船队已经接近苏联，苏军出动大批战斗机掩护船队，在护航军舰和苏军战斗机的出色掩护下，德军空袭一无所获。当天下午，船队两部分均到达目的地。

PQ—16船队共有35艘运输船，装载12.5万吨武器装备，其中包括468辆坦克、201架飞机和3277辆汽车，这是北极航线开通以后，英美对苏联最大一次物资援助，途中一艘运输船因伤返回冰岛，7艘运输船被德军击沉，损失船舶吨位约3.8万吨，这些船只所运载的包括147辆坦克、77架飞机和770辆车辆共约32000吨物资也沉入大海，好在还有90000余吨物资安全到达苏联，有力支援了苏联的战争。

运输船缺少护航
惨遭猎杀

　　1942年五六月间，苏联战场上，德军在南线塞瓦斯托波尔、哈尔科夫、沃罗涅日等战役中接连取胜，兵锋直指苏联东南部重要城市斯大林格勒，战局对苏联极其不利。

　　而苏联由于欧洲部分国土已损失大半，军工企业有的被德军占领；有的受到战争影响，军火生产很不正常；有的正在迁往西伯利亚，还不能马上恢复生产。

　　因此美英的军事援助对于苏联非常重要，也正是因为如此，斯大林三次致函丘吉尔，请求其迅速派出船队，以支援苏联抗击德寇的战争。

　　在这种情况下，英国重新组织了PQ—17船队，并做了相当周密的准备。该船队规模之大，载货之多，是北极航线前所未有的，总共有34艘运输船、两艘油船和3艘救生船，载有20万吨武器装备和军事物资。护航兵力也是空前庞大，共有6艘驱逐舰、4艘护卫舰、两艘防空舰、3艘扫雷舰、4艘反潜拖网渔船和两艘潜艇，这些兵力用以抗击德军潜艇和飞机是绰绰有余的。

　　汉密尔顿海军少将指挥的4艘巡洋舰和3艘驱逐舰，负责迎战德军驱逐舰编队。

　　英国本土舰队司令托维海军上将亲自指挥两艘战列舰、一艘航母、两艘巡洋舰和14艘驱逐舰进行远距离掩护，这支编队是真正的主力舰队，无论在近距离还是远距离都具有消灭"提尔比兹号"的实力。

　　英军还有一个如意打算，就是将PQ—17作为诱饵，引出"提尔比兹号"，将其一举消灭，彻底消除北极航线的巨大威胁。因此，这支远程掩护

编队在船队后面，相距仅四五个小时的航程，并保持严格的无线电静默。

在挪威北角海域，盟军还出动9艘英军潜艇和两艘苏军潜艇，组成警戒线，严密监视德军水面舰艇的活动。

驻冰岛的盟军岸基航空兵还将出动"卡塔林那"远程飞机，直至熊岛以东海域为船队提供空中掩护。

此外，为了迷惑欺骗德军，英军还组织了一支假船队，由4艘运煤船、5艘布雷舰伪装运输船，两艘巡洋舰、5艘驱逐舰担任护航。在PQ—17船队出海的同时出航，以吸引德军注意，分散德军兵力。

可惜这一煞费苦心的计划，因德军没有发现而毫无作用。

德军根据各种情报，也已掌握了盟军船队即将出动的情况，决定以航空兵、潜艇和水面舰艇组织协同作战，消灭这支船队，作战代号"跳马"。

计划规定水面舰艇分为两部分，一个是特隆赫姆舰群，由"提尔比兹号"战列舰、"希尔海军上将号"重巡洋舰和6艘驱逐舰组成；另一个是纳尔维克舰群，由"吕佐夫号"袖珍战列舰、"舍尔海军上将号"重巡洋舰和6艘驱逐舰组成。

一旦发现PQ—17船队出动，特隆赫姆舰群将进入韦斯特峡湾，纳尔维克舰群则进入阿尔塔峡湾随时待命出航。潜艇部队则于6月10日前派出3艘潜艇抵达冰岛东北海域，进行侦察和监视，另以5艘潜艇在熊岛海域组成巡逻线。

第五航空队则负责空中侦察，并在挪威北部各机场进驻了大批飞机。战役由北方海军指挥部统一指挥，战术则由随"提尔比兹号"出海的舰队司令全权负责。

根据希特勒关于避免主力军舰遭到损失的指示，特别规定作战原则是水面舰艇将尽量避免与敌优势兵力交战，如果发现敌军战列舰掩护编队，北方海军指挥部和舰队司令均有权取消作战。

6月27日，PQ—17船队从冰岛浩浩荡荡出发，谁想刚出海不久，就遇上了浓雾，有两艘运输船在浓雾中搁浅和撞上流冰，被迫返航，其余船只则不得不以只有最高航速一半的低速继续航行。

此时雨雪交加，气候相当恶劣，船身四周很快布满了冰凌。由于积冰太厚，船只重心逐渐升高，随时有倾覆翻沉的可能，因此船员冒着雨雪奋力除冰，以保证航行安全。

3天后，船队通过扬马延岛，然后航向稍向北偏，以尽可能远离挪威海岸。德军部署在熊岛附近海域的潜艇发现了船队，立即向海军指挥部报告。

当天下午，就有德军侦察机飞来跟踪监视，并有两艘潜艇对船队实施了攻击，但均

货船

被护航军舰击退，运输船毫无损失。

后来船队航行海域又出现大雾，船队这次因祸得福，借助浓雾的天然掩护，猛然赶了两天的路程，没遇到一点麻烦。

但德军根据侦察机拍摄的相片，还是掌握了船队的组成，认为单靠潜艇和飞机，在雄厚的护航兵力面前是难占便宜的，遂决定出动"提尔比兹号"战列舰为核心的水面舰艇编队，而在水面舰艇出击前，仍派出飞机空袭船队，以消耗护航兵力。

就这样，德国空军从7月2日开始了持续3天的大规模空袭。云消雾散后，正值北极海域的极昼，德军飞机异常肆虐，这天德军空袭也达到了高潮。

熊岛附近的PQ—17船队遭到了一波接一波的猛烈轰炸，德军飞机先后出动数十架次的容克—88轰炸机和亨克尔—111鱼雷机，盟军船队的护航舰竭尽全力，战斗相当激烈。

盟军船队克服恶劣天气和德军的狂轰滥炸，严格保持着队形，护航军舰竭尽所能，组织反潜和防空作战，有效掩护了船队，最大限度保全了船队安全。

但是盟军船队所面临的形势更为严峻——两天前，德军水面舰艇编队刚从特隆赫姆出航，立即被监视的苏军"K—21号"潜艇发现，并向德军战列舰实施了鱼雷攻击，但未奏效。

而部署在挪威海域的英军潜艇不久也发出报告，发现德军战列舰和驱逐舰编队正以27节的航速驶出劳普海继续向东北方向航行。

根据事先计划，近距离掩护编队司令汉密尔顿少将迅即致电远距离掩护编队司令托维上将，要求他迅速指挥强大的打击编队全速向船队靠拢，迎战德军"提尔比兹号"战列舰。

但一直与船队保持四五个小时航程的托维舰队此时却遭遇了大片的流冰，托维在计算了双方的航速、航向之后，只得打破出航以来的无线电静默，电告汉密尔顿，远距离掩护编队因遇流冰，无法按时赶到，一切情况由其全权处置。

这一情况，使原来诱歼"提尔比兹"的计划彻底破产，PQ—17陷入了非

常不利的危险境地。

这天晚上，英国伦敦，特拉法尔加广场西侧的海军部大楼里，英国海军部第一大臣庞德海军上将正在召开紧急会议，讨论PQ—17船队所面临的危急局面。

根据双方的航速、航向推算，10小时之后，PQ—17船队就将进入"提尔比兹"的主炮射程。到那时，对付德军潜艇和飞机绰绰有余的护航军舰和近距离掩护编队，将要面对"提尔比兹号"令人生畏的8门381毫米主炮。

而英军所有军舰中最大口径的舰炮也不过203毫米，德舰可以在英舰的有效射程之外，毫不费力地将英军军舰和运输船——击沉！

参谋军官出身的庞德，没有舰队指挥的实际经验，并不知道战场形势的千变万化，只是单纯地根据图上作业和炮火口径的计算，认为PQ—17已难逃全军覆没的命运，如果船队继续前进，就会将运输船和护航军舰一起葬送。

与其这样，不如解散船队，撤出护航军舰，那样还可以保全全部军舰和部分运输船，加上时间紧迫，因此庞德海军上将在数小时里连续向汉密尔顿和PQ—17船队发出3道命令：

一是巡洋舰编队应以最快航速向西撤退。

二是鉴于德军水面舰艇的威胁，运输船队应立即解散，各自驶向俄国港口。

三是重申4日21时23分的命令，运输船队应立即解散。

这是第二次世界大战史上最著名的错误命令之一，与希特勒在诺曼底战役中禁止第十五集团军调往诺曼底和日军南云中将在中途岛战役中"换弹"命令不相上下。

汉密尔顿接到连续3道命令，只好忍痛向船队下达解散令，率领直接护航军舰和近距离掩护编队的全部军舰向西撤退，运输船则分散。船员们知道将在毫无护航的情况下单船闯过北极航线，但面对恶劣的天气和凶恶的德军，

表现出了视死如归的大无畏精神。然而，让庞德吐血的是，最令英军胆战心寒的"提尔比兹号"战列舰根本没有参加战斗。

原来德军截获了汉密尔顿和托维之间的往来电讯，意识到在PQ—17船队后面有一支强大的舰队，从特隆赫姆和纳尔维克两地出航的"提尔比兹号"战列舰、"吕佐夫号"袖珍战列舰、"希尔海军上将号"和"舍尔海军上将号"重巡洋舰及一两艘驱逐舰在海上会合后，一直在等待有关英军船队动向的详细情报，德军特别担心英军本土舰队的航母和战列舰，并不敢轻举妄动。

当得知船队后面还有一支舰队，而德军空中侦察又没有英军的确切情报，加之希特勒力求大型军舰不受损失的指示，所以"提尔比兹号"战列舰在海上游弋了10多小时后，又调头返回阿尔塔峡湾。

运输船分散后，遭到了德军潜艇和飞机或单独或联合屠杀，这是一场世界海运史上前所未有的恐怖屠杀。对于德军潜艇而言，攻击运输船只简直就是"一场游戏一场梦"。

所谓"游戏"是因为对于训练有素的德军潜艇官兵来讲，攻击没有武装也没有护航的低速运输船，完全可以轻松地占据最有利的攻击阵位，选择最有利的攻击角度和距离，从容实施鱼雷攻击，然后再欣赏着运输船起火爆炸的情景——那不是游戏吗？

所谓"梦想"是因为这样的攻击情景，没有护航舰艇的干扰，没有反潜飞机的追杀，悠闲地攻击理想的目标——那不是梦寐以求的吗？

德军潜艇唯一的困难就是在击沉运输船之后，由于船队分散，在浩瀚的冰海上难以迅速发现下一个目标，于是干脆浮在海面上，用无线电呼叫指挥部，请求指示目标。

应潜艇的紧急呼叫，德军指挥部派出了FW—200远程侦察机，在目标海域搜寻，一发现运输船就直接电告附近潜艇前去攻击，同时出动轰炸机和鱼雷机加入对运输船的攻击。

德国海军共有8艘潜艇参与了屠杀，第五航空队也出动飞机202架次，其

中容克—88轰炸机130架次，亨克尔—111鱼雷机43架次，FW—200侦察机29架次。就这样，巴伦支海西北的广阔海域上，PQ—17船队所属的运输船，一艘接一艘被击中，烈焰翻腾在冰海上，冒着滚滚浓烟逐渐下沉，数百名被击沉运输船的船员漂浮在冰海上。由于气温很低，大部分人很快就被冻死，小部分被救生船救起，但许多人已经因严重冻伤而终身残疾。

PQ—17船队遭到如此惨重的损失，主要原因是英国海军部解散船队的错误命令，即使德军舰队真的与船队遭遇，巡洋舰、驱逐舰等护航舰艇也还可以与其周旋，至少可以拖住德军舰队一段时间，使被流冰阻隔的打击舰队能赶来参战，继续执行预定围歼德军"提尔比兹号"的计划。

如果德军水面舰队中途返回，那德军潜艇和飞机就不可能那么轻而易举击沉运输船了。

英国海军缺乏对战区实际情况的了解和对德军作战意图的判断，加之对北极航线恶劣天气的低估和对德军"提尔比兹号"的恐惧，错误判断了形势，贸然解散了船队，使运输船失去了有组织的对空对潜防御，这一错误的命令使英军付出了巨大损失，因此PQ—17船队成为北极航线所有船队中最悲惨的船队，整个航行充满了血腥和悲壮。PQ—17船队36艘运输船和两艘救生船中，除两艘运输船出航不久就因搁浅而返回冰岛，其余34艘船中有23艘运输船和一艘救生船被击沉。

其中13艘运输船和一艘救生船是被德军飞机击沉，10艘运输船是被潜艇击沉，损失船舶吨位14.4万吨，损失运载物资包括210架飞机、430辆坦克、3350辆汽车和99000吨其他军需物资，几乎相当于所有物资的三分之二。

最后到达苏联的只有包括97架飞机、164辆坦克、896辆汽车和57000吨其他军需物资，总共约70000吨，这些挂满冰凌的飞机、坦克和汽车，仿佛在讲述着一个个不忍卒听的悲惨故事。

盟国竭尽全力
保卫北极航线

遭受了如此重大的损失后，英国曾一度拒绝再向苏联运送物质，万般无奈的情况下，斯大林只好求助美国总统罗斯福。

美国于1942年8月12日组织军舰，运载约3000吨物资，从英国格里诺克起航，经斯卡帕湾到达冰岛；于8月19日再从冰岛出发，8月24日顺利抵达苏联。卸下所载物资后又迅速从苏联返航，8月28日安全回到冰岛。

虽然船队在往返途中都遭到德军侦察机的监视，却没有遭到任何攻击，安全完成了航行。

两个月之后，英国在美苏一再要求下又派出了PQ—18船队。该船队9月2日从英国埃韦湾起航，编有39艘运输船、3艘油船和一艘救生船，由一艘护航航母、4艘驱逐舰、4艘护卫舰、两艘防空舰、3艘扫雷舰、4艘反潜拖网渔船和两艘潜艇担任护航。

近距离掩护编队分为两部分，一部分由一艘巡洋舰和16艘驱逐舰组成，另一部分则由3艘重巡洋舰组成；远距离掩护编队由本土舰队出动两艘战列舰、一艘巡洋舰和5艘驱逐舰，还有7艘潜艇担负侧翼掩护。

PQ—18船队不仅拥有较强的护航兵力，还首次在船队中编入搭载15架舰载机的护航航母，并吸取PQ—17船队的教训，在数艘运输船上安装了76毫米火炮和20毫米机关炮，以加强运输船的自我保护能力。

德军侦察机不久就发现了船队，德军指挥部随即命令附近海域活动的潜艇前去截击。德军"U—405号"潜艇和"U—589号"潜艇在激战中各击沉一艘运输船，但"U—589号"潜艇也被护航军舰击沉。

1942年9月13日下午，德军大举空袭，先是数十架容克—88轰炸机实施高空轰炸，但战果甚微。接着约40架亨克尔—111鱼雷机对船队实施低空攻击，尽管护航军舰防空火力相当猛烈，仍先后有7艘运输船被击沉。

在护航军舰全力抗击下，德军有5架飞机被击落，另有6架被击伤。英军的护航火力虽然强大，却仍然抵不住德舰的攻击。德军"U—457号"潜艇不顾一切突破船队警戒，击伤一艘油船，后该船因伤势过重而由护航军舰击沉。但"U—457号"也没能逃脱追杀，被护航军舰击沉。

接着，德军22架容克—88轰炸机飞临船队上空，进行了轰炸，击沉一艘运输船，德机被击落8架。

两天后，德军"U—88号"潜艇在试图接近船队时被护航军舰击沉。而德国空军则由于天气恶劣，没有出动飞机。

英船队在天气的掩护下，摆脱德舰的追杀后，9月17日，再次被发现，德军立即出动19架容克—88轰炸机前去轰炸，但白白损失了7架，毫无收获。

眼看船队即将进入苏联岸基航空兵的掩护半径，德军不惜一切代价，出动大批飞机全力投入攻击，由于能见度太低，亨克尔—111鱼雷机投下的鱼雷无一命中，倒是容克—88轰炸机，击沉一艘运输船，击伤一艘运输船，德军飞机也损失惨重，被击落约20架。

此次护航作战，驻挪威的德国空军第五航空队可以说是全力以赴，总共出动飞机达600架次，取得击沉10艘运输船的战绩。但代价巨大，损失约40架，几乎占第五航空队飞机总数的20%。

如此巨大的战损是德军无法承受的，从此之后，德军再也没有在北极航线破交作战中投入如此规模的空中力量。

德军潜艇战果欠佳，只击沉3艘运输船，但也付出3艘潜艇被击沉的代价。PQ—18船队共有一艘运输船和一艘油船被击沉，损失船舶总吨位75000吨。

就在PQ—18船队出海后不久，9月13日，QP—14船队从苏联阿尔汉格尔斯克起航，共编有15艘运输船和两艘救生船，由两艘防空舰和护卫舰、扫雷舰等轻型军舰护航。船队驶抵北纬75度，东经48度预定海域，与英国海军少

将伯恩特指挥的舰队会合。

　　该舰队由一艘航母、一艘巡洋舰和16艘驱逐舰组成，担负对船队的近距离掩护。

　　此时在北极海域，德军共派出7艘潜艇准备攻击QP—14船队。

　　1942年9月20日，德军"U—435号"首先发起攻击，击沉"莱达号"扫雷舰，英军航母立即起飞舰载机和驱逐舰进行协同搜潜，却没有取得战果。天黑后，德军"U—255号"潜艇突破船队警戒，击沉一艘运输船。

　　此时伯恩特认为德军空中威胁已经过去，潜艇活动却反而比较猖獗，为使英航母免遭潜艇暗算，命令航母和巡洋舰在3艘驱逐舰掩护下直接返回英国，这样船队就失去了令德军潜艇最生畏的空中反潜力量。

　　德军"U—703号"潜艇乘机发动攻击，击伤"索马里人号"驱逐舰，该舰在数小时后的风暴中伤重沉没。

　　起航两天后，伯恩特因部分军舰燃油耗尽，只得率领这些军舰离开船队前往就近基地补给。此时船队还有11艘驱逐舰和9艘轻型军舰护航，但实力已经大为削弱。

　　就在伯恩特率舰离开后约一小时，德军"U—435号"潜艇就突入船队，连续实施攻击，在短短几分钟里一口气竟然击沉了两艘运输船和一艘油船。

　　不久，船队接近冰岛海域，开始得到从冰岛起飞的英军岸基航空兵大力掩护，英军"卡塔林那"反潜飞机在为船队进行空中掩护时就发现并击沉"U—253号"潜艇。

　　9月26日，QP—14船队余下的船只到达英国埃韦湾。此次护航战，QP—14船队

共损失运输船3艘、油船一艘，总吨位约2万吨，还损失驱逐舰和扫雷舰各一艘，德军仅损失一艘潜艇。

1942年10月~12月，美英由于全力投入北非登陆战役的准备，大批护航军舰被抽调到地中海，因此没有组织前往苏联的大型护航船队，只是利用北极海区秋季夜长日短，德军侦察机活动大大减少的有利时机，采取单船没有护航以偷渡形式向苏联运送物资，先后派出37艘次运输船，有9艘被德军击沉，其余28艘安全到达。其中10月29日，盟国陆续有13艘运输船从冰岛以不定间隔出海，形成了首尾长达200余海里的狭长队形，同时还有5艘运输船从苏联相继出发。

11月4日，德军侦察机发现驶向苏联的船只，随即出动10架容克—88轰炸机进行攻击，先后击沉一艘苏联运输船，击伤两艘运输船。两艘被击伤的运输船后来分别被德军"U—354号"和"U—625号"潜艇击沉。

时隔一日，德军"U—625号"又击沉一艘运输船。随后，德军水面舰艇

航母舰队 ❤

编队发现一艘从苏联开往英国的油船，德军"Z—27号"驱逐舰当即将其击沉，正在该海域活动的苏军BO—78号猎潜艇也被德军舰队击沉。

11月17日，QP—15船队从苏联阿尔汉格尔斯克起航，该船队共有28艘运输船，由一艘防空舰、5艘扫雷舰、4艘护卫舰和一艘反潜渔船以及两艘苏军驱逐舰担任护航。船队驶抵巴伦支海时还得到5艘英军驱逐舰的加强。

在熊岛以西，则有两艘巡洋舰和3艘驱逐舰负责近距离掩护。另有3艘英军潜艇和一艘苏军潜艇组成巡逻线，监视阿尔塔峡湾德军水面舰艇。

QP—15船队出航不久即遭遇暴风雪袭击，船队队形被彻底打乱，数十艘船只分散在非常广阔的海域，经过护航军舰的艰苦努力，到达熊岛附近海域，才好不容易将分散的运输船集合成数个小船队。

苏军两艘驱逐舰在暴风雪中损失最为惨重，"巴库号"上层建筑被刮去大半，军舰首部出现大裂口，最后在全体官兵的努力下，终于艰难地驶入熊岛港口。而"强击号"则在狂风中一折两段，于22日沉没。恶劣的天气也严重阻碍了德军，德军侦察机和水面舰艇都无法出动，只有潜艇实施攻击。

11月23日，德军"U—601号"和"U—625号"分别击沉一艘运输船。其余船只安全到达冰岛，然后集中并与冰岛的其他船只重新编组，再由护航军舰掩护驶往英国埃韦湾。

QP—15船队是PQ—QP系列船队中的最后一支，从1942年12月起，同盟国出于安全考虑，将北极航线的护航船队代号PQ和QP改为JW和RA，并从51开始编号。

12月15日，第一支JW—RA系列船队中的船队JW—51A从英国埃韦湾出航，船队编有15艘运输船和一艘油船，护航军舰为7艘驱逐舰、两艘护卫舰、一艘扫雷舰和两艘反潜拖网渔船。

该船队未被德军发现，12月25日安全抵达目的地苏联摩尔曼斯克。

一周后，JW—51B船队从英国埃韦湾起航，有14艘运输船组成，7艘驱逐舰、两艘护卫舰、一艘扫雷舰和两艘反潜拖网渔船担负护航。还有两艘巡洋舰和两艘驱逐舰进行近距离掩护，远距离掩护编队则由本土舰队派出一艘战

列舰、一艘巡洋舰和3艘驱逐舰，4艘潜艇负责侧翼警戒。

德军侦察机发现该船队，接着德军"U—354号"潜艇再次发现船队，但船队并没有像以往那样遭到攻击。

不幸的是船队遭遇暴风，队形被吹散，5艘运输船和两艘护卫舰掉队。德军根据侦察机和潜艇报告，由袖珍战列舰"吕佐夫号"、重巡洋舰"希尔海军上将号"和第五驱逐舰支队的6艘驱逐舰组成的编队从阿尔塔峡湾出动，编队司令是库梅兹海军中将。

德军舰艇编队到达潜艇报告船队所在海域，很快就找到了船队，"希尔海军上将号"首先投入攻击，船队的护航军舰立即上前迎战，同时施放烟雾，掩护运输船迅速撤出危险海域。

随即双方军舰展开了混战，由于英军护航军舰与德军编队实力相差悬殊，先后有一艘驱逐舰和一艘扫雷舰被击沉，但护航军舰的英勇战斗有效掩护了运输船，仅有一艘运输船被"吕佐夫号"击伤，其他船只均安全撤出。

不久，英军近距离掩护编队闻讯赶来加入战斗，"希尔海军上将号"被英军巡洋舰击中3枚大口径炮弹，航速锐减；另一艘驱逐舰则被英军"谢菲尔德号"巡洋舰击沉。英军只有一艘驱逐舰被"吕佐夫号"袖珍战列舰重创。

此时，库梅兹海军中将接到德国海军司令部的电令：

不管作战命令如何规定，如果与实力相当的敌军交战，作战活动必须谨慎，必须保证大型水面舰艇不受损失。

这一电令是德国海军根据希特勒力求大型水面舰艇不受损失的指示精神发出的。库梅兹见当时战斗场面已经十分混乱，而且能见度又差，尽管己方占有优势，但"希尔海军上将号"已经受伤，为了避免更大的损失，便下令撤出战斗。

这支德军编队原计划在攻击了JW—51B船队后，将不返回阿尔塔峡湾，直接进入大西洋执行巡洋破交作战。但由于"希尔海军上将号"已经受伤，原

计划无法实施，只得返回阿尔塔峡湾。

"希尔海军上将号"后来虽然修复了损伤，却再也没有参战。

希特勒对此次作战极其不满，德国海军总司令雷德尔上将因此被解职，由潜艇部队司令邓尼兹接任海军总司令。

JW—51B船队的主队顺利驶抵苏联科拉湾，掉队的5艘运输船也于1943年1月6日驶入苏联阿尔汉格尔斯克。英军护航军舰有驱逐舰和扫雷舰各一艘被击沉，一艘驱逐舰遭重创，还有两艘驱逐舰被击伤。但却以英勇的战斗粉碎了德军消灭运输船的企图，在船队全部的14艘运输船中，只有一艘被德军"吕佐夫号"袖珍战列舰击伤而在科拉湾入口处搁浅。并击沉德军一艘驱逐舰，击伤一艘重巡洋舰，还挫败了德军水面舰艇突入大西洋的企图。

同盟国自1941年9月至1942年年底，共组织前往苏联的东行护航船队21支，运输船总计301艘次，损失53艘，约占17.6%；从苏联至冰岛或英国的西行船队16支，运输船总计232艘次，损失16艘，约占6.9%；合计运输船533艘次，损失69艘，占运输船总数的12.9%，总吨位约40万吨。护航军舰损失两艘轻巡洋舰、5艘驱逐舰、4艘扫雷舰、一艘猎潜艇和一艘潜艇。

1943年盟国的援苏船只陆陆继续开进苏联。

1月份，盟国编有14艘运输船的JW—52船队从英国埃韦湾出发，随伴护航兵力为8艘驱逐舰、两艘护卫舰、一艘扫雷舰和两艘反潜拖网渔船，近距离掩护兵力为3艘巡洋舰，远距离掩护兵力则由本土舰队出动3艘战列舰、5艘巡洋舰、20艘驱逐舰组成的庞大编队担纲，还有5艘潜艇负责侧翼掩护。

德军一架水上飞机发现该船队，立即向德指挥部报告。不久，德军出动4架亨克尔—111鱼雷机对船队实施攻击，由于护航兵力强大，德军不但没有取得任何战绩，反而损失两架飞机。

9艘德军潜艇闻讯赶来，但护航军舰有效利用高频测向仪，极大地限制了德军潜艇的活动，只有"U—625号"潜艇接近船队并发射了鱼雷，却没有命中。经过10天的航行，JW—52船队毫无损失，13艘运输船安全抵达科拉湾，另一艘运输船则因航速太慢无法跟上船队，中途就近驶入冰岛。

其后，RA—52船队从科拉湾起航，共编有11艘运输船，由JW—52船队的护航军舰护航。出行不远，德军"U—622号"潜艇发现并攻击了船队，但未获战果。

1943年2月3日，德军"U—255号"潜艇接着发动攻击，击沉一艘运输船。RA—52船队其余的10艘运输船安全到达英国埃韦湾。

随后，盟军新编JW—53船队再次从英国埃韦湾起航，该船队共有28艘运输船，护航军舰有3艘驱逐舰、3艘护卫舰、两艘扫雷舰和两艘反潜拖网渔船。当船队到达冰岛后，护航军舰改为一艘护航航母、一艘巡洋舰、10艘驱逐舰，近距离掩护兵力为3艘巡洋舰，远距离掩护兵力为两艘战列舰、5艘巡洋舰和20艘驱逐舰。

不幸的是，船队在海上遭遇特大暴风，船只全被狂风吹散，有6艘运输船改变航向，驶向冰岛；一艘护航航母和一艘巡洋舰则在暴风中受损被迫返回基地。经过两天的不懈努力，护航军舰又将分散的运输船聚拢到一起，重新编成航行队形。

不久，德军侦察机发现该船队，随即召唤潜艇前来攻击。

一架英军护航军舰凭借高频测向仪，准确测出德军潜艇位置，因此迅速掩护船队改变航向，避开德军潜艇的巡逻线，使其失去了攻击机会。

德军又出动10架容克—88轰炸机空袭船队，只击伤一艘运输船。

2月26日，德军组织空、潜协同攻击，但在护航军舰的有力抗击下，没有取得任何战果。当天22艘运输船驶入苏联摩尔曼斯克。

后来，德军多次出动大批容克—88轰炸机空袭摩尔曼斯克，正在该港进行卸货作业的JW—53船队船只有一艘被击沉，3艘遭重创，一艘被击伤。

3月1日，由30艘运输船组成的RA—53船队满载着苏联人民的深情厚谊和美英急需的军用原料，从苏联科拉湾起航，驶向英国埃韦湾。护航兵力由经过一周休整的JW—53船队的护航兵力担任。

第二天，德军"U—255号"潜艇即发现船队，其一面进行跟踪，一面报告北方海军指挥部。跟踪船队4天之后，"U—255号"终于觅得良机，突破

船队的警戒，击沉、击伤运输船各一艘，被击伤的运输船3月9日在风暴中沉没。同一天，德军12架容克—88轰炸机也对船队实施了攻击，却在护航军舰的有力抗击下，毫无收获。

随后，英军侦察机发现德军"沙恩霍斯特号"战列巡洋舰离开了波兰格丁尼亚锚地，英军立即做出反应，本土舰队一面组织力量严防德舰进入大西洋，一面派出巡洋舰接应JW—53船队。一艘掉队的运输船被前来攻击的"U—586号"潜艇击沉了。一直尾随船队的"U—255号"乘机发起攻击，又击沉一艘运输船。

3月12日，RA—53船队的其余26艘运输船安全抵达英国埃韦湾。

此后，大西洋护航战逐渐进入高潮，同盟国运输船损失惨重，迫切需要大量护航军舰，因此从3月至11月英美只得暂停北极航线的运输，将护航军舰调往大西洋。

1943年4月，盟军在北非战场取得了彻底胜利，地中海航线的航行已经十分安全，向苏联运送物资就主要经直布罗陀—苏伊士运河—波斯湾这一航线，尽管该航线航程距离要比北极航线远，但无德军袭击之忧，可以安全抵达目的地。

英舰围歼
"沙恩霍斯特" 战船

随着盟军在大西洋上的节节胜利，部分护航军舰又可以被抽调于北极航线，这样北极航线再次开通。

1943年12月12日，有19艘运输船的JW—55A船队正式从英国埃韦湾出发驰向苏联科拉湾。途经熊岛以东海域时，一艘在该处活动的德军"U—636号"潜艇发现了船队的行踪，但因护航军舰的压制无法实施攻击。德军指挥部接到这一情报时，已经太晚，来不及采取措施进行拦截。

航行18天后，船队安全抵达目的地。

由英国海军本土舰队司令弗雷泽海军上将亲自指挥的由一艘战列舰、一艘巡洋舰和4艘驱逐舰组成的远距离掩护编队，因为担心德军水面舰艇的攻击，破例一直将船队护送到科拉湾，并于18日前往冰岛加油，然后出航为JW—55B和RA—55A两支船队提供远距离掩护。

12月20日，编有19艘运输船的JW—55B船队从英国埃韦湾出发，护航兵力为10艘驱逐舰、两艘护卫舰和一艘扫雷舰。

3天后，RA—55A船队则从苏联科拉湾起航，该船队由2两艘运输船组成，由10艘驱逐舰、3艘护卫舰和一艘扫雷舰护航。伯内特海军中将指挥的3艘巡洋舰活动于巴伦支海，作为近距离掩护。

JW—55B船队出航的第二天被德军侦察机发现。

12月23日，德军10多架容克—88轰炸机前来攻击，但在护航军舰的有效抗击下，被击落两架未获战果。同时，德军向熊岛海域派出了由8艘潜艇组成的艇群，准备拦截该船队，并命水面舰艇做好出海准备，随时准备出发。

　　德军侦察机不断飞来，跟踪监视JW—55B船队，弗雷泽判断德军水面舰艇必将出动，因此命令JW—55B船队反向航行3小时，以干扰德军推算船队航速，同时亲率远距离掩护编队以19节航速赶来接应。

　　弗雷泽认为RA—55A船队尚未被德军发现，而且不久将驶离德军水面舰艇活动的危险海域。而JW—55B船队距离阿尔塔峡湾比较近，较有可能遭到德军攻击，便命令从RA—55A船队的护航军舰中抽出4艘驱逐舰加强JW—55B船队的护航力量，并命令JW—55B船队航向进一步偏北，以尽可能远离危险海域。

　　12月25日，德军北方海军指挥部下令出动水面舰艇对JW—55B船队实施攻击。

　　晚上19时，德军埃里克·贝伊海军少将指挥"沙恩霍斯特号"战列巡洋舰和5艘驱逐舰从阿尔塔峡湾出航。此时正是北极海的极夜时期，全天只有两

⬇ 战舰和飞机

三个小时的日照，能见度很低。

海上作战全靠雷达，尽管"沙恩霍斯特号"装有两部雷达，但无论工作距离，还是探测性能都远远比不上英舰装备的雷达。

此时该舰上还有约80名见习军官和100名毫无经验的新兵，虽然出海前临时从"提尔比兹号"战列舰上抽调了部分有战斗经验的军官和老兵，但没有经过磨合，总体上人员素质很低。

如果发生战斗，结局难以预料，因此贝伊少将曾请求推迟出海作战，但被海军总司令邓尼兹严词拒绝。

邓尼兹为了消灭JW—55B船队，除了出动水面舰艇外，还要求驻挪威的德国空军提供空中掩护，并在贝伊率领舰队出海后特别指示，强调要采取巧妙而果敢的战术，如果遭遇英军大型水面舰艇编队，应迅速放弃对船队的攻击，主动撤出战斗，保证"沙恩霍斯特号"的安全。因为德军此时在挪威，能够投入使用的大型军舰就只剩下"沙恩霍斯特号"了。

贝伊的舰队刚出动，在阿尔塔峡湾的英国特工就向英国海军部发出了报告，弗雷泽很快就得到了这一情报，立即命令RA—55A船队转向北航行，以借助熊岛以北海面大面积流冰的掩护。

增援JW—55B船队的4艘驱逐舰则加入伯内特的巡洋舰编队，该巡洋舰编队加速航行，赶在JW—55B船队与德军舰队之间，然后由东向西，自己率领战列舰编队由西向东，形成对德舰的包围。

德军"U—601号"潜艇和"U—716号"潜艇克服能见度低的困难，发现了船队，并将船队的位置、航速、航向等通报给贝伊舰队。

德军舰队到达熊岛东南约40海里海域后，贝伊下令各舰拉开距离，向南搜索船队。

此时，伯内特的旗舰"贝尔法斯特号"巡洋舰雷达在31000万米距离上捕捉到了一个微弱的信号。而英军另一艘巡洋舰"谢菲尔德号"巡洋舰的瞭望台也发现约11000米外的德舰。

这时RA—55A船队已经脱离了危险，JW—55B船队则吉凶未卜，距离弗雷

泽的编队还有150海里。

英舰首先向德舰发射照明弹，德舰意识到英舰就在附近，但德舰是顶风航行，风雪交加扑面而来，瞭望根本无法发现目标。而德舰雷达性能又差，也无法迅速发现目标。

就在德舰茫然不知所措的时候，英舰的主炮开火了，密集的炮火在德舰四周掀起了巨大水柱。德舰只能按照英舰炮火大致位置还击。

交战中德舰雷达刚发现英舰，正要确定其方位，英军"诺福克号"巡洋舰的一发炮弹正好命中主桅，桅杆顶部被炸飞，安装在主桅上的顶部雷达被彻底炸毁。

贝伊深知在暗无天日的北极海上，没有雷达是根本无法作战的，因此下令转舵撤退，但仍接连被英舰两发炮弹击中，好在其中一发是哑弹，才没有造成严重损害。

"沙恩霍斯特号"凭借着航速，很快就与英舰拉开了距离。

当"沙恩霍斯特号"摆脱英舰之后，如果凭借其航速优势，迅速掉头返航，是完全有可能逃脱英军的包围。但贝伊没有这样做，因为他深知，消灭JW—55B船队，可以使苏军的作战准备推迟一个月之久。

所以他决定利用中午前后短暂的日照时间，再次搜寻JW—55B船队，做最后的努力。于是贝伊指挥"沙恩霍斯特号"改向东北。

紧追"沙恩霍斯特号"的英舰没有料到德舰会突然改变航向，但伯内特准确判断出德舰的企图，敌变我变，立即停止追击，改向西北航行，准备在JW—55B船队前方抢占有利阵位。但是德、英双方，一个向东北，一个向西北，分道而行，距离越来越大。

12月25日上午10时左右，德军侦察机发现弗雷泽编队，由于天气恶劣，能见度很低，飞行员发回的报告含糊不清——北角西北100海里发现一支东向舰队，其中可能有一艘战列舰。

而接到报告的德军指挥官处事呆板，要求报告必须准确清楚，不能有可能、大概之类的语句，便将关键的"可能有一艘战列舰"这一句删去，然后

才转发给贝伊。贝伊认为这肯定是英军军舰，但距离尚远，决定不予理睬。

一小时后，贝伊下令转向西行，正好与英军巡洋舰编队相对而行。

时间不长，伯内特旗舰"贝尔法斯特号"的雷达在28000米距离上发现目标，伯内特毫不怀疑地确定这就是"沙恩霍斯特号"。

他立即向弗雷泽报告，同时命令JW—55B船队转向东南，自己率领掩护编队则向东北接敌。

中午时分，"沙恩霍斯特号"的瞭望发现约在10000米外出现军舰桅杆，贝伊立即下令火炮测距仪开机，为主炮测定距离，同时主炮准备射击。

随着枪炮军官的一声令下，"沙恩霍斯特号"280毫米主炮首先开火。伯内特随即下令巡洋舰开火，驱逐舰则全速接敌，实施鱼雷攻击。

此时海面风浪很大，英军驱逐舰难以占领有利发射阵位，也就无法发射鱼雷，而英军巡洋舰则与德舰展开了激烈的炮战，战斗整整持续了20分钟，英军"诺福克号"被两发炮弹击中，上层建筑起火，伤亡13人。

"沙恩霍斯特号"也被多发炮弹命中，而贝伊根据英军近失弹所激起的巨大水柱，错误判断英军为战列舰。他见己方雷达受损；驱逐舰也不在附近，孤立无援；海面风暴又大，形势非常险恶，便决定迅速脱离接触，掉头返航。但德舰的撤退航线正好与弗雷泽的航线交错，这为弗雷泽提供了绝佳的机会。

午后13时，向南搜索的德军驱逐舰与JW—55B船队相距仅10海里，但海面一片昏暗，德军什么也没有发现，双方擦肩而过。

贝伊通知驱逐舰返航。

伯内特率领编队紧紧尾随着"沙恩霍斯特号"，此时"谢菲尔德号"因发动机故障，没有追赶，只有两艘巡洋舰和4艘驱逐舰紧追不舍。

贝伊见状，曾一度企图掉头杀个回马枪，但德舰刚一掉头，英舰也随之退后，避免与德舰交火，始终与德舰保持着距离，同时不断向弗雷泽报告德舰的位置和航速。

弗雷泽的旗舰"约克公爵号"战列舰雷达在22海里距离发现德舰，弗雷

泽下令准备射击，尽管天色一片漆黑，炮手根本看不到德舰的踪影，但凭借着炮瞄雷达，"约克公爵"356毫米主炮已经牢牢盯住了德舰。

不久，"约克公爵号"与德舰的距离已经缩短到20000米，弗雷泽命令伯内特向德舰发射照明弹。

很快德舰尾部出现了一枚光点，随即将德舰照得透亮，贝伊不知道英军会从哪里发起攻击，只好盲目命令主炮瞄准正前方，并让左舷高射炮击落照明弹。

直到"约克公爵号"主炮开火后，德舰才根据英舰炮口的火光发现英舰位置，贝伊意识到陷入了英军包围，不敢恋战，只得一边还击，一边以31节的高速撤退，但还是没能逃出英舰的炮火射程．

"约克公爵"的一发主炮炮弹命中德舰的一座前主炮炮塔，炮塔顿时起火，尽管德舰上的损管人员奋力抢修，迅速控制了火势，但这座主炮却被摧毁，德舰火力因此锐减。

德舰且战且走，"约克公爵号"也数次被德舰击中，主桅杆也被炸断，但弗雷泽没有丝毫退缩，仍旧猛烈攻击。

又一发356毫米炮弹命中"沙恩霍斯特号"后甲板，剧烈的爆炸引发了大火，并很快波及了上层建筑。

熊熊大火使德舰在昏暗的海面上成为非常醒目的目标，"约克公爵号"继续攻击，德舰连连中弹，前主炮的排烟装置被毁，炮塔里硝烟弥漫，炮手根本无法操炮。

前甲板上的150毫米副炮也多被击毁；锅炉舱中弹，德舰航速开始下降，但损管人员和轮机人员拼死抢修，终于修复损伤，航速又逐渐恢复，渐渐与英舰拉开了距离。

德舰上甲板已经遍体鳞伤，上层建筑面目全非，舰员死伤累累，但仍能保持着26节的航速，只需再航行一小时就能回到挪威海岸。

但此时此刻，英舰岂肯让到手的"大鱼"轻易脱逃，4艘英军驱逐舰兵分两路，左右夹击而来，德舰迅速开火。

右侧的"蝎子号"和"斯托尔德号"驱逐舰在2000米距离上各发射了8枚鱼雷，"沙恩霍斯特号"的舰长欣兹上校立即指挥军舰满舵做大回转，以规避鱼雷，但还是有一枚鱼雷命中舰桥下方。

紧接着左侧的"索马斯号"和"野人号"也接近到1800米，分别发射6枚鱼雷，德舰因为已经中了一枚鱼雷，机动性降低，规避也没有刚才那样灵活，此次共有3枚鱼雷命中，海水从破口大量涌入，航速下降至22节。

这时，"约克公爵号"也追了上来，它再次用威力强大的356毫米主炮猛轰，"贝尔法斯特号"和"诺福克号"巡洋舰也加入战斗，"沙恩霍斯特号"连连中弹，多处起火，全舰都被烈火浓烟所笼罩，舰员死伤惨重。

顽固的贝伊仍组织最后战斗，下令将前主炮的炮弹全部运到尚能使用的后主炮，拼死抵抗。

但他也意识到将难逃此劫，命令销毁所有机密文件，并致电海军总司令邓尼兹："我舰正与敌主力战舰交战，决心战至最后一弹！"

至晚19时，"沙恩霍斯特号"的航速已降至10节，而且唯一的后主炮也被"约克公爵号"摧毁，只剩下几门150毫米副炮，几乎丧失了还手之力。弗雷泽见光靠炮火难以迅速结束战斗，也不愿宝贵的战列舰和巡洋舰在最后战斗中受损，下令战列舰和巡洋舰后撤，由驱逐舰实施鱼雷攻击。

渐渐德舰航速仅为5节，并开始倾斜，欣兹舰长见已无法挽回，只得下达弃舰命令。此时英军数艘驱逐舰一边用炮火轰击，一边逼近德舰发射鱼雷，英军先后射出55枚鱼雷，共有11枚命中，猛烈的爆炸接二连三，最终引发了弹药舱的大爆炸，"沙恩霍斯特号"在经过震耳欲聋的阵阵轰鸣之后，终于随着一阵浓烟沉入了海底。

英军驱逐舰随即开始营救落水德军官兵，德舰上共有约2000人，只有36人获救。

1943年12月29日，JW—55B船队安全到达苏联科拉湾。

1944年1月1日，RA—55A船队也安全抵达英国埃韦湾，这两支船队均无损失。

英军参战的两支水面舰艇编队在苏联进行修理和休整后，于4月4日返回英国。

此次作战，英国海军采取正确的战略战术，情报保障及时得力，各编队之间协同密切，配合默契，技术装备尤其是雷达性能优异，使指挥官准确掌握战场形势，官兵训练有素，在低能见度条件下，所进行的机动和编队航行几乎与白昼毫无区别。

反观德军，战术上贸然将驱逐舰分散，使战列舰失去了有效的保护，侦察保障不力，对战场情况了解极少，而且雷达性能不理想，最后还在战斗中被毁。种种原因，导致德海军威力最大、令盟军头痛的"沙恩霍斯特"葬身海底，德军所依赖的海上优势也随之土崩瓦解。

英机轰炸
"提尔比兹号"军舰

随着"沙恩霍斯特号"被击沉，北极航线的态势发生了重大转折。由于该舰被击沉，北极航线遭受德军大型水面舰艇威胁的局面已不复存在，此后德军在该海域能够使用的兵力就只有潜艇、驱逐舰等轻型水面舰艇和为数不多的航空兵，大大减低了对同盟国海上运输的威胁。

由此英军得以将"光辉号"航母、"伊丽莎白号"战列舰、"荣誉号"战列巡洋舰等大型军舰调往远东，加入对日作战。因此，"沙恩霍斯特"的沉没，不但对北极航线产生了直接影响，还对太平洋战场产生了间接影响。

鉴于威胁北极航线的德军大型水面舰艇只剩下"提尔比兹号"战列舰，为消除这一威胁，苏军于1944年2月11日晚出动15架挂载1000千克重磅炸弹的重型轰炸机，飞往"提尔比兹号"的锚泊地挪威阿尔塔峡湾。

由于苏军飞行员地形不熟，天色又黑，最终只有4架飞机发现德舰并实施了攻击，投下的炸弹只有一枚近失弹给德舰造成了轻微损伤。

早在1944年年初，英国海军就决定在"提尔比兹号"修复损伤之前再发动袭击，力求击沉或重创它，以彻底消除其对北极航线的威胁。

由于德军采取了更为严密的防范措施，所以英军准备以航母舰载机进行攻击，计划出动两艘大型航母和4艘护航航母，搭载150架舰载机。

为取得预期效果，英军组织参战的飞行员在地形与阿尔塔峡湾相似的洛奇·博奇尔湾进行了长达数月近似实战的临战训练。

1944年3月30日，英国海军本土舰队司令弗雷泽上将亲自率领A编队，共有一艘大型航母、两艘战列舰、一艘巡洋舰、5艘驱逐舰。下午，比塞特海军

少将率领的B编队，共有一艘大型航母、4艘护航航母、3艘巡洋舰、10艘驱逐舰，分别从斯卡帕湾起航。

原计划两编队于4月3日会合，4月4日发起攻击。由于北极海出现了少见的好天气，盟军的北极护航运输船队遭到德军攻击的危险大大增加，弗雷泽当机立断，决定提前24小时发起攻击。

4月2日，A编队与B编队在阿尔塔峡湾西北两海里处会合。4月3日，攻击编队到达攻击阵位，航母开始起飞舰载机，第一波包括21架梭鱼轰炸机、10架海盗战斗机、10架恶妇战斗机、20架野猫战斗机，共61架。

考虑到德军在阿尔塔峡湾设有防雷网，所以轰炸机不携带鱼雷，而是携带炸弹，总共携有7枚720千克穿甲弹、24枚225千克半穿甲弹、12枚225千克爆破弹、4枚270千克深水炸弹。

战斗机的机枪都配备12.7毫米穿甲弹，海盗式负责空中掩护，恶妇式压制"提尔比兹"的舰炮，野猫式压制岸上的高炮。舰载机编队以超低空向目标飞去。

德军发出了凄厉的空袭警报，虽然德军雷达早在5时05分就发现英机，但因值班人员耽误了时间，所以直至15分钟后才发出警报。

这时"提尔比兹号"正在准备出航，来不及采取损管措施，有1/5的水密门还未关闭。

5时20分，英机飞临上空，此时德军没有战斗机掩护，高射炮来不及开火，烟雾也未施放，英机的轰炸非常从容，仅一分钟就投下所有的炸弹。"提尔比兹号"舰身上共命中3枚720千克穿甲弹、5枚225千克爆破弹和一枚270千克深水炸弹。

由于英军飞行员为确保命中率，投弹高度偏低，因此炸弹下落速度不够大，没能够炸穿主甲板。结果主甲板上伤痕累累，多处起火。

还有一枚270千克深水炸弹落到右舷海里，在水下9米处爆炸。深水炸弹在水下爆炸比直接命中更具威力，强大的冲击波使德舰右舷凹进一个长15米、宽5米、深1米的大坑，龙骨严重变形。

5分钟后，英军航母起飞第二攻击波，原本和第一波机型、数量都一样，但有一架梭鱼因引擎故障而无法起飞，另一架梭鱼在编队时坠海。这样第二波就只有19架梭鱼和40架战斗机，共携2枚720千克穿甲弹、39枚225千克半穿甲弹、9枚225千克爆破弹、2枚270千克深水炸弹。

6时32分，英机飞临目标上空开始轰炸。

此时"提尔比兹号"已被烟雾遮掩住，军舰和岸上的高炮也猛烈射击，有一架梭鱼在投弹前就被击落，另有一架因开关失灵无法投弹，其余17架梭鱼投下了所有的炸弹，共命中一枚720千克穿甲弹、两枚225千克半穿甲弹、两枚225千克爆破弹。炸毁了首楼和一座150毫米副炮，并将上甲板炸开一个直径近两米的破洞，还有一枚近失弹炸伤了右螺旋桨。

空袭中，德军高炮火力非常猛烈，仅"提尔比兹号"上的高炮就发射506发105毫米炮弹、400发37毫米炮弹、8260发20毫米炮弹，加上岸上98门高炮的射击，共击落了英军两架梭鱼和一架野猫飞机。但这点损失与德舰相比不过是九牛一毛。

这次空袭，"提尔比兹号"又受到重创，舰员亡122人，伤316人。

1944年5月15日至8日，英国海军又4次出动航母，使用舰载机攻击了"提尔比兹号"，共出动舰载机284架次，投弹约200吨。但由于德

重型轰炸机

069

军或是极为有效地利用烟雾掩护，或是由于恶劣天气的影响，效果微乎其微。

通过这几次的攻击，英国海军觉得以舰载轰炸机使用720千克穿甲弹的攻击很难取得成效，于是便与英国空军磋商，请求空军以重型轰炸机使用重磅炸弹进行攻击，空军欣然应允，派出了最精锐的第617中队和第九中队执行这一任务。

由于从苏格兰到阿尔塔峡湾的距离超出了"兰开斯特"重型轰炸机的航程，所以英国便和苏联商议，借用苏军机场，获得同意后，于9月11日，第617中队和第九中队从苏格兰起飞36架"兰开斯特"转场到苏联雅戈德尼克机场。

由于地球北极的磁场变化干扰了飞机罗盘正常工作，加上飞行员地形不熟，只有30架飞机到达，另外6架则因迷航而返回。

4天后，英军从苏联雅戈德尼克起飞27架"兰开斯特号"轰炸机，其中21架各携1枚5500千克穿甲弹，另6架则携182千克炸弹，没有战斗机护航，以4800米高度取西北航向直取目标。

在距目标50千米

战舰

处，下降到3350米高度，分为4队，以间距1600米鱼贯而入。德军高炮火力猛烈，并施放大量烟雾，使得英军投下的炸弹只有一枚5500千克炸弹命中"提尔比兹号"的首部，炸开一条长14.6米，宽9.7米的大洞。

还有大量近失弹在军舰四周爆炸，强烈的震动和冲击波使舰上许多光学仪器和火控设备损毁。英军参战的27架飞机无一损失，安然返航。

由于战局恶化，德军于1944年9月23日决定中止修复"提尔比兹号"，将其调往挪威特罗姆塞港，作为浮动炮台为守军提供火力支援。

10月15日，4艘拖轮驶入阿尔塔峡湾，将"提尔比兹号"拖往新锚地。英军一架侦察机发现其踪迹，由于当时盟军在北极还没有护航运输船队，所以英军摸不清德军的意图，没有贸然进行攻击，只是派出飞机严密监视。

10月18日，"提尔比兹号"驶入新锚地特罗姆塞港林根峡湾。德军原以为新锚地水深12米，而且淤泥下是岩基，军舰只要坐底两米就是岩石层，没有翻沉危险。

后来发现锚地水深17米，淤泥下是砂层，一旦进水就有翻沉危险，德军只得计划投下28000立方米碎石填底来作为弥补。

这一工程还未完成，英军的空袭就来临了。

英国空军第617中队、第九中队出动32架经过改装增加航程的兰开斯特重型轰炸机，直接从苏格兰沃西默思起飞。林根峡湾不像阿尔塔峡湾两侧有山峰环抱，而且水面开阔，因此德军施放的烟雾很快被风吹散，无法有效掩护军舰。

11月12日，天空晴朗，英军第617中队、第九中队又从苏格兰沃西默斯起飞29架兰开斯特，前往攻击。为麻痹德军，英机没有编队，以单机分散飞向目标。直至距目标50千米处才会合集中，然后再分为4队，直扑"提尔比兹号"。

早上8时许，德军雷达就发现一架英机正在飞来，不久，又陆续发现另3架英机，"提尔比兹号"舰长荣格海军上校接到报告后，要求负责空中掩护的驻巴杜福斯机场的战斗机起飞拦截，但该机场的指挥官以敌情不明为由拒

绝出动战斗机。

8时28分，"提尔比兹号"上的瞭望哨已发现来袭的英机，附近岸上的发烟装置开始施放烟雾。随即，德军高炮和舰上的火炮开始射击。

9时41分，英机飞临锚地开始轰炸，一连有4枚5500千克重磅炸弹命中目标，"提尔比兹号"左舷被炸开长67米的破口，海水大量涌入，舰体开始左倾。几分钟后，左倾达到70度，而且燃起的大火蔓延到C炮塔的弹药库，引起大爆炸。

不久，左倾135度，终于翻沉在挪威特罗姆塞以西4海里的林根峡湾哈侬岛南侧海域。全舰有902人随舰沉没。

"提尔比兹号"从未参加过任何一场堂堂正正的海战，但是作为一艘超级战舰，它的存在迫使英国海军本土舰队在北海部署了大量的兵力，丝毫不敢掉以轻心。

1942年7月3日，它的出航迫使盟军的PQ—17护航运输船队解散了护航队，召回了护航舰，最后使得失去保护的运输船遭到惨重损失，而"提尔比兹号"在这场战斗中竟然一炮未发就大获全胜，这就是它的价值。

为了击沉这艘超级战列舰，英军曾出动过人操鱼雷、袖珍潜艇，还组织过13次大规模空袭，出动过600架次飞机，历时多年才如愿以偿。英军表现出的执着和顽强精神，令人敬佩。

同盟国完成
护航援苏任务

1944年5月，美英为全力准备诺曼底登陆战役，暂停了北极航线。

随着诺曼底战役的胜利结束，同盟国决定再次开通北极航线。

1944年8月15日，JW—59船队从英国埃韦湾起航，该船队共编有33艘运输船、一艘救生船以及11艘根据租借法案移交苏联的美国猎潜艇，护航兵力为两艘护航航母、一艘巡洋舰、7艘驱逐舰和11艘护卫舰。

8月17日，英国移交给苏联的"君主号"战列舰更名为"阿尔汉格尔斯克号"，由苏军官兵驾驶，在一艘驱逐舰的护卫下从斯卡帕湾出发。出海后不久便与赶来接应的苏军8艘驱逐舰会合，一起掩护JW—59船队直至熊岛以西海域，再离开船队直接驶往科拉湾。

刚接替弗雷泽出任本土舰队司令的亨利·穆尔海军上将，亲自率领本土舰队主力于8月18日从斯卡帕湾出海。

这支舰队分为两部分，一部分是由穆尔率领的由3艘航母、一艘战列舰、两艘巡洋舰和14艘驱逐舰组成的编队；另一部分则由两艘护航航母、一艘巡洋舰和6艘驱逐舰组成。

此外还有两艘油船在4艘护卫舰掩护下，随同舰队行动，以便随时提供海上加油，这支舰队出海的目的就是为JW—59船队提供远距掩护，并出动舰载机攻击当时德军尚未丧命的德军"提尔比兹号"战列舰。

8月21日，船队进入由德军5艘潜艇组成的巡逻线，"U—344号"潜艇发现船队并用音响自导鱼雷击沉"凯特号"护卫舰。根据"U—344号"的报告，德军又迅速调集4艘潜艇在船队航线前方组成新的巡逻线，企图在22日实

施截击。

次日，尽管天气非常恶劣，但英军还是全部起飞攻击机群的31架鱼雷机和53架战斗机。当攻击机群到达德舰锚泊的阿尔塔峡湾时，整个峡湾被浓雾所笼罩，根本无法看清目标。

鱼雷机无法实施攻击只好返航，部分挂载炸弹的战斗机虽发现德舰并发动了攻击，但没有获得战果，反而白白损失了3架飞机。

黄昏前后，正当英军舰队准备进行海上加油时，德军"U—354号"潜艇发现了英军舰队，并立即投入攻击，击沉"比克顿号"护卫舰，重创"大富翁号"护航航母。

而在JW—59船队附近，企图接近船队的德军多艘潜艇，则遭到了护航舰艇的有力反击。"U—344号"被护航航母上起飞的剑鱼反潜机击沉，其他潜艇也全部被护航军舰和舰载机赶走。

8月25日，JW—59船队安全驶入苏联科拉湾，没受一点损失。

此后，由9艘运输船编成的RA—59船队从苏联科拉湾出发，直抵英国的埃韦湾，也是一路平安。

从9月上旬至10月上旬的一个月时间，盟军在北极航线的几次航行也都是有惊无险，损失很小，相反，德军却遭受了一定的损失。

10月20日，JW—61船队从英国埃韦湾起航，船队由29艘运输船和6艘移交苏联的美军猎潜艇组成。鉴于RA—60船队遭到德军潜艇的攻击，英军为这支船队精心组织了强大的护航力量，计有3艘护航航母、一艘巡洋舰、19艘驱逐舰和5艘护卫舰。在强大护航兵力掩护下，船队安全通过了德军19艘潜艇组成的巡逻线，其间德军潜艇多次使用音响自导鱼雷攻击护航军舰，均未奏效。

获悉船队出发后，苏联海军出动4艘驱逐舰和4艘扫雷舰前来接应。与此同时，又一支船队从英国出航，船队代号为JW—61A，这是一支特别船队，只有两艘客轮，共载有11000名被英美军解放的苏军战俘，护航兵力为一艘护航航母、一艘巡洋舰和6艘驱逐舰。

一天后，JW—61船队顺利到达苏联科拉湾，随后部分运输船在苏军舰艇

护送下进入白海港口。

11月2日，RA—61船队驶离科拉湾，该船队由33艘运输船组成，由JW—61船队的护航舰艇承担护航。

这支船队不久就被德军发现，德军"U—295号"潜艇用音响自导鱼雷击伤一艘驱逐舰，但护航舰艇反潜战术得当，将所有企图接近船队的德军潜艇全部赶走，只是由于所在海域的水文情况复杂，护航军舰的声呐难以准确捕捉到目标，才没有取得击沉德军潜艇的战绩。

第四天，载有被解放苏军战俘的JW—61A船队安全到达摩尔曼斯克港。

一周后，RA—61船队的33艘运输船毫无损失地驶入英国埃韦湾。

为保证运输船的航行安全，1944年12月8日英军和苏军携手出动包括两艘护航航母和16艘驱逐舰在内的舰艇编队，对集结在科拉湾入口处的德军潜艇组织了扫荡，并于次日击沉了德军"U—387号"潜艇。

打击了集结在科拉湾入口的德军后，又一支船队RA—62船队从苏联科拉

执行护航任务的战舰和飞机 ▼

湾出航，船队由28艘运输船组成。

次日，德军"U—365号"潜艇发现船队，并击伤英军"卡桑德拉号"驱逐舰。英军和苏军携手组织反潜行动后，"U—365号"潜艇是唯一幸存并与船队接触的潜艇。

德军接到报告后，迅速派出9架容克—88轰炸机攻击船队，在护航军舰和舰载机的协同抗击下，最后德军丢下两架被击落的飞机，仓皇撤退。同一天，护航军舰中的一艘挪威护卫舰触雷沉没。

在船队即将安抵英国埃韦湾时，为船队护航的"坎帕尼亚"护航航母起飞的剑鱼反潜机击沉了一直跟踪船队的德军"U—365号"潜艇。

1945年2月3日，从苏格兰格里诺克起航的JW—64船队，被德军一架气象侦察机发现，德军立即在船队航线前方展开了一个由8艘潜艇组成的"拉斯穆斯"艇群，并在科拉湾附近海域展开了一个由4艘潜艇组成的艇群。

另外，德军还出动48架容克—88轰炸机前来攻击，但没有找到船队，却在搜索途中损失7架。

不久，德军一架FW—200远程侦察机再次发现船队。

2月10日，德军根据侦察机的报告派出了20架容克—88轰炸机，分成两个波次对船队实施攻击，但由于船队护航兵力雄厚，防空火力密集猛烈，德军飞机没有取得战果。

德军"拉斯穆斯"艇群在强大的护航舰艇面前同样没有收获。

只有2月12日晚，当船队驶入科拉湾时，德军"U—992号"潜艇突破船队警戒圈，根据声呐发现的螺旋桨声音发射音响自导鱼雷，击伤一艘护卫舰，这艘护卫舰虽被拖到港内，最终还是因伤势过重而报废。除此之外，船队没有任何损失。

此时在科拉湾入口海域德军集结了10艘潜艇，为确保RA—64船队的安全，英军于船队出发前一天，就投入几乎所有在科拉湾的舰艇部队。

苏联海军也同时出动大批驱逐舰、扫雷舰、猎潜艇和鱼雷艇，配合英军舰艇进行反潜扫荡。当晚，英军"百灵鸟号"和"阿尼克城堡号"护卫舰密

切协同，一举击沉"U—425号"潜艇。

2月17日，编有34艘运输船的RA—64船队从科拉湾出发，护航兵力为两艘护航航母、一艘巡洋舰和17艘驱逐舰、护卫舰。出海后不久，在船队最前方开路的"百灵鸟号"护卫舰被德军"U—968号"潜艇发射的鱼雷炸掉船尾，只得返回科拉湾。

随后"野风信子号"护卫舰和一艘运输船相继被德军潜艇击沉。

第二天，德军潜艇失去了与船队的接触，便分成两个艇群，6艘潜艇判断船队将沿熊岛航道航行而向熊岛海域转移，另3艘潜艇则于摩尔曼斯克附近海域待机。

此时，船队遇到的更大的威胁却并不是德军潜艇，而是海上突发的大风暴，船队的正常队形完全被打乱，运输船非常分散，护航军舰竭尽全力收拢船只，经过两天的努力，除4艘运输船外，其余船只全部聚拢，恢复了航行队形。

随后，德军侦察机发现船队，德军立即出动40架容克—88轰炸机前来攻击，由于船队护航军舰实力颇为强劲，防空火力非常密集，德军被击落6架飞机后，狼狈而退。后来德国又调集潜艇前往攻击，仍然一无所获。

2月23日，不甘心失败的德军发动第二波空袭，击沉了3艘掉队的运输船回去交差。

3月1日，船队抵达英国克莱德。在航行途中，船队共损失4艘运输船和一艘护卫舰，还有一艘护卫舰遭到重创。另有12艘驱逐舰在风暴中受损，不得不进入船坞大修。

经过休整后，JW—65船队驶离英国克莱德，船队共有24艘运输船，由两艘护航航母、一艘巡洋舰及16艘驱逐舰和护卫舰护航。

德军通过无线电侦听获悉盟国船队已经出航，便在熊岛海域展开6艘潜艇，在科拉湾入口部署了一艘潜艇。后又向熊岛和科拉湾分别增派一艘和两艘潜艇准备截击。

但几天过去了，德军在北极海域进行了空中侦察，却并但未发现盟国船

队。因此德军命令所有潜艇均转至科拉湾入口，组成两道潜艇巡逻线，随时准备战斗。

3月20日，船队驶近德军潜艇巡逻线，就在这关键时刻，海面起了风暴，护航航母因此无法起飞舰载机进行空中掩护，从而使德军潜艇有了绝佳的攻击机会，先后有两艘运输船和一艘护卫舰被击沉。

黄昏前后，JW—65船队其余船只驶入目的地。

4月16日，第二次世界大战期间同盟国最后一支援苏船队，编有22艘运输船的JW—66船队从克莱德起航，船队护航兵力为两艘护航航母、一艘巡洋舰、18艘驱逐舰和护卫舰，此外还有3艘驱逐舰和两艘护卫舰先于船队出发，在船队航线上德军潜艇活跃海域进行反潜扫荡，为船队开辟安全航道。

次日，德军通过无线电侦听察觉了盟国船队已经出海，遂向熊岛海域派出6艘潜艇。但德军空中侦察一直未发现船队，只得将这6艘潜艇调往科拉湾，并将刚出航不久的另10艘潜艇也调往科拉湾。

这些潜艇中，只有突入科拉湾的"U—711号"潜艇于4月24日发现了船队，并实施了攻击，但没有取得战果。盟国船队安全驶抵科拉湾。

4月底，德军部署在科拉湾海域的潜艇多达14艘，严重威胁着出入科拉湾的船只安全，为保证返回英国的RA—66船队的安全，英军在科拉湾的两个护航大队共4艘驱逐舰和4艘护卫舰在苏军扫雷舰和猎潜艇的支援下，对科拉湾海域实施了反潜搜索，击沉两艘潜艇，并将绝大多数潜艇驱逐出科拉湾入口航道。

随后，RA—66船队驶离苏联摩尔曼斯克，船队共有24艘运输船，由JW—66船队的护航军舰负责护航。

由于船队出海前的反潜作战比较有效，只有两艘德军潜艇与船队发生接触，其中"U—968号潜艇"击沉了"古尔多号"护卫舰，"U—427号"潜艇攻击未果，反遭护航军舰的猛烈反击，逃跑之际，还差点被深水炸弹击中。

5月8日，船队安全抵达英国克莱德。这也是北极航线最后一支船队。

同盟国从1941年9月至1945年5月，先后向苏联派出37支护航船队和37艘

单独航行船只，共计743艘运输船，其中29艘折返英国或冰岛，56艘被德军海空军击沉，最终有658艘到达苏联，将包括14000架飞机、7056辆坦克、5105辆自行火炮、近41万辆汽车、10000辆吉普车、8218门高射炮、13.16万挺机枪等在内的约400万吨物资运到苏联。

美、英、加等国向苏联提供的物资，极大提高了苏军的机动能力和战斗力，尤其是粮食和汽车，粮食几乎相当于苏军战时消耗粮食的11%。

尽管美英提供的飞机仅占苏联战时飞机生产总数10.8万架的12.96%，提供的坦克和自行火炮仅占苏联战时生产总数9.5万辆的12.63%。但在苏联军事工业最困难的1942年和1943年，每月400架飞机和500辆坦克的援助对于苏联而言，绝对是雪中送炭，而且这些援助作为同盟国团结一致的象征，极大鼓舞了苏联军民的士气和民心，对于国际反法西斯联盟最终消灭法西斯具有非常重大的现实意义和历史意义。

海上鏖战

第二次世界大战著名海战

马来西亚海战

　　1941年12月7日，日本军队在袭击珍珠港的同时，派兵在泰国等地登陆，然后越过马来西亚边界向新加坡进攻。12月8日，英国远东舰队（代号Z舰队）离开新加坡北上，企图袭击日军运兵船。12月9日，Z舰队被日军潜艇发现。12月10日，日军轰炸机和鱼雷机扑向Z舰队，仅用1个半小时，就将英战列舰"威尔士亲王号"和战列巡洋舰"反击号"击沉。

英国舰队
开赴远东战场

马来亚也叫西马来西亚，是马来西亚的一部分，位于东南亚马来半岛的南部，东临南海，北临泰国，西南隔马六甲海峡与东印度群岛的苏门答腊岛相望。控制着太平洋和印度洋之间的主要航道——马六甲海峡，是南下东印度群岛、北上缅甸的跳板，其战略地位十分重要。

早在1921年日英同盟将要寿终正寝时，英国决定在新加坡建立一个海军基地，并把这个海军基地作为英国在远东太平洋地区进行军事部署的总根据地。

新加坡原为马来西亚一部分，位于马来半岛的最南端，地处马六甲海峡的入口处，其战略地位十分重要，而且是东南亚地区最大的海空交通中心。

1937年，日本掀起对华战争，日英、日美关系急剧恶化，英国开始逐渐认识到由舰队承担远东地区主要作战任务的必要性。

1938年末，英美两国开始协商在太平洋地区的联合作战计划，并在基本方针中第一次明确提出舰队派驻计划：

> 一旦对日战争爆发，英国向新加坡派遣舰队，美国向夏威夷集结舰队，以实施作战。

然而，希特勒于1939年9月1日发动闪击波兰的战争，英法于9月3日不得不向德国宣战，英国海军随之被调往欧洲，就很难再抽调军舰派往新加坡方向了。

1941年8月9日，英国首相丘吉尔与美国总统罗斯福在加拿大纽芬兰举行会谈，丘吉尔答应了罗斯福的请求：

向东方派遣至少有一艘新式快速战列舰在内的舰队，以遏制日本的侵略行动。

1941年10月底，伦敦的城市建筑和街道上已披上了一层薄薄的雪衣，到处是一派灰白色的阴郁景象。此时此刻，正在为远东太平洋上的日本军队屡次侵犯英国利益而深感不安的丘吉尔的
心情则更加忧郁。面对强大的德国，他已感到有些力不从心了。可眼下，为了遏制日本的侵略扩张，他不得不从已十分紧张的海军兵力中像挤牙膏似的挤出一部分，开赴远东战场。

经反复考虑，丘吉尔最后决定组成以前皇家海军参谋部副参谋长、海军少将托姆·菲利普斯爵士为司令的新远东舰队，代号为"Z"。

这支远东舰队的主力阵容包括：英国海军引以为豪的号称"不沉战舰"的最新式战列舰"威尔士亲王号"、快速旧式战列巡洋舰"反击号"、航空母舰"无畏号"、驱逐舰"厄勒克特拉号""快车号""朱庇特号""遭遇号"等。

但英国人低估了日本人的力量，认为只要派上几艘大型战舰，就能把日本人吓跑。因此，丘吉尔派舰队的主要目的不是去

英国首相丘吉尔

作战，而是去向日本人显示实力。

新任舰队司令菲利普斯少将时年53岁，身材矮小，在同级与下属中素有"大拇指汤姆"的绰号。他于1903年参加英国皇家海军，是一位经验丰富的参谋军官，并且参与制订过许多成功的海上作战计划，但直接进行海上作战指挥尚属首次。

另外，此人性格比较固执、保守，还是个十足的"大炮巨舰主义"者，他根本不相信小小的飞机能对巨大的战舰造成什么危害。所以，当他的舰队中唯一的一艘航空母舰"无畏号"在西印度洋触礁后，他干脆让它返回本土，自己仅带着战列舰"威尔斯亲王号"、"反击号"和另外4艘驱逐舰开往远东，在新加坡驻扎下来。

❤ 英国战舰

就在珍珠港内密集的炸弹冰雹般地落在美战列舰"亚利桑那号"和"田纳西号"上时，一支日本舰队运载着大量登陆部队，正全速侵入马来亚附近的暹罗湾。

12月8日清晨，正在新加坡港摩拳擦掌的菲利普斯爵士立即获得了这一情报。于是，当夜幕降临新加坡湾的时候，菲利普斯率领着他的两艘巨舰和4艘护航驱逐舰组成的"Z"舰队，浩浩荡荡地驶出到海湾北部去截击日本舰队，准备给日军来一个下马威。

由于当时英国在新加坡的几个机场已被日本人占领，所以"Z"舰队只能在没有飞机掩护的情况下，在海上冒险航行。但菲利普斯将军非常相信依靠奇袭、大炮和舰载高射炮的掩护，足以完成这一作战任务。

出发之际，菲利普斯一方面得到通知，新加坡附近的森巴旺有一支布鲁斯特"水牛"式战斗机中队已做好准备，可以随时起飞为"Z"舰队提供空中支援。另一方面还获悉，日军在西贡附近集结了一支规模可观的鱼雷轰炸机部队。这对即将出征的"Z"舰队无疑是一个很大的威胁，但菲利普斯却认为日军的鱼雷机不会远离印度支那基地，不会飞越400海里来攻击他的舰队。

其实，对于"Z"舰队的到来，日本海军早有准备。侦察机和潜艇被派往英舰队可能活动的各个海域，"Z"舰队已处在日军的严密监视之下。

日军驻越南西贡的海军指挥部已将攻击"Z"舰队的任务交给了驻西贡机场的第22岸基航空战队。这支部队是日本海军中作战效率最高的航空兵部队之一，司令官是松永少将，下辖"元山""鹿屋"和"美幌"3个航空大队。

"美幌"和"元山"航空队各拥有48架"九六"式攻击机，"鹿屋"航空队拥有48架"一"式陆上攻击机。上述两种飞机均可携带250公斤、500公斤或800公斤的炸弹，或者携带九一型鱼雷，既可用作高空轰炸机，又可以用作鱼雷攻击机。

在即将来临的作战中，松永少将的手下拥有144架最先进的攻击机和一

批具有较高素质的飞行员，如壹起春大尉、高桥胜作大尉、高井上尉和石原上尉等。

9日凌晨，天公不作美，暴雨如注，海面上风大浪急，视线几乎被完全遮住。这虽然给航行带来了极大的困难，但却便于舰队的隐蔽。

9时左右，海上天气渐渐地放晴，迷雾消散。"Z"舰队在没有飞机掩护的情况下，孤单单地在海上航行。

当菲利普斯的舰队离开新加坡10多个小时之后，一架日本侦察机冒险飞抵新加坡上空进行侦察。幸运的是，日侦察机把港内的两艘大货船误认为是"威尔斯亲王号"和"反击号"，以致错误地发回电报："'威尔斯亲王号'和'反击号'在新加坡港内停泊！"

日本人接电后便信以为真，并马上忙碌起来……下午17时30分，日军潜艇"伊—65号"突然在潜望镜里发现了正在成纵队向北破浪前进的英国"Z"舰队。

"伊—6号"立即向基地报告："发现目标，地点在昆山群岛的196度，225海里处，航向340度，航速14节。"

但是，由于种种原因，"伊—65号"所发出的这一急电，被耽误了很久，传到西贡时，天已完全黑了下来了。但是，53架鱼雷轰炸机和34架高空轰炸机仍然奉命从夜幕笼罩下的西贡机场紧急起飞，在大队长元山海军中佐的率领下，立即扑向英舰队。

此时，夜幕笼罩着海空，浓云漫无边际，能见度非常低，在飞行中搜索目标更是难上加难。但是，第一次与英国海军交战的荣誉感激励着这些狂热的日本轰炸机飞行员，他们压低飞行高度，借助微弱的月光艰难地在黑沉沉的海面上搜寻着期待已久的目标。

"发现敌舰！"元山中佐的耳机里传来一名飞行员的呼叫。

"按攻击方案行动！"元山下达完命令，中队长高井海军上尉即率领他的中队立即加速冲向目标空域，在抵达目标上空区域时投了一枚照明弹。霎时，耀眼的白光将海面照得如同白天。

海面上，一支舰队正在全速航行。鱼雷轰炸机首先开始下滑，准备进入鱼雷攻击航线。为了能首战告捷，高井想在尽可能近的距离实施攻击。

据高井在事后回忆说：

我们想让发动机使出最后一把劲，使飞机飞得快些，再快些。就在实施攻击的一刹那，一面太阳旗突然出现在眼前。

我不由得大吃一惊，浑身直冒冷汗，赶紧松开投雷操纵杆并大声叫道："停止攻击！停止攻击！自己的军舰。"

好险啊！原来这是小泽治三郎海军中将的旗舰"乌海号"重型巡洋舰和由他率领的日本巡洋舰部队。

原来，由于日机出战时太匆忙，连己方军舰的识别办法都没有来得及作出规定。因此，为了避免发生误伤，日本人决定飞回西贡，在天亮以后再进行空中搜索。

菲利普斯真是幸运儿！此时，他的舰队距小泽的巡洋舰部队仅仅只有30多海里，可是由于天黑和恶劣的气象条件，双方谁也没有发现谁。

日本海军
毁灭远东舰队

不久，从小泽的巡洋舰上起飞的3架日侦察机却非常意外地在夜幕中发现了"Z"舰队，并马上向西贡报告了具体位置。

12月10日，天还没亮，在西贡的日军航空基地，96架轰炸机上的飞行员已做好了起飞的一切准备。其中，"九六"式陆上攻击机中有9架用来作为侦察机，25架挂上了鱼雷，36架装上了炸弹，还有26架"一"式陆上攻击机也装上了鱼雷。此刻，飞行员们已经坐在自己的座舱里，随时准备起飞。

6时25分，西贡派出了3个中队向预定海区出击。他们根据昨晚情报飞至预定海区时，不禁大失所望：只见海水浩荡，根本没有"Z"舰队的踪影。

日机几乎飞到新加坡，但也没有发现猎物。由于燃料消耗太多，他们被迫开始返航。"威尔斯亲王号"和"反击号"到底跑哪儿去了？

原来，9日深夜，正当"Z"舰队刚刚掉转船头准备驶向新加坡的时候，突然收到新加坡发来的一份急电，说日军正在关丹登陆。

菲利普斯当然不知道这是一份误电，他认为这一战机不可错过，于是改变了主意，决定对关丹的日军发动一次海上突然袭击。舰队马上改变航向驶向关丹。

为了保持无线电静默，菲利普斯没有把要袭击关丹的决定通知司令部。因为他认为既然是新加坡来电，那里肯定会派出战斗机掩护自己。可惜，想象不是事实，实际上受命掩护的英国战斗机仍然停在机场上，他们对"Z"舰队攻击关丹一事毫无所知。

10日清晨，正当日军轰炸机搜索英舰队之际，菲利普斯的舰队也驶抵关

丹附近，这才发现并无日军登陆之事。

这时，菲利普斯没有马上返回新加坡，而是派出"特快号"驱逐舰和一架"海象"式侦察机在附近进行侦察，甚至为了察明在破晓时一度发现过的一艘日本运输驳船，整个"Z"舰队白白耽误了两个多小时。

上午10时左右，天气晴朗，非常有利于日机攻击。在三五百米的空中，飘浮着朵朵白云，既不会严重妨碍能见度，又为飞机提供了掩护。一架正在返航的日本侦察机突然在关丹东南透过云层发现了英军战列舰和驱逐舰。电键启动，"滴滴答答"……发出了日机盼望已久的信号：

发现两艘敌战列舰、4艘驱逐舰。关丹东南5海里。敌主力舰由驱逐舰4艘保护前进。

正在返航的日轰炸机群接电后，就像注射了一针兴奋剂一样，立即改变

飞机轰炸

航向，直扑"Z"舰队。没多久，一支舰队出现在日机的机翼下——这正是他们苦苦搜寻的"Z"舰队。

日机一架接一架钻出云层，重点向两艘主力舰"威尔斯亲王号"和"反击号"发起了猛攻。15分钟后，即上午10时30分，"鹿屋"航空大队的18架鱼雷机，在第三中队队长壹起春的率领下，首先冲向了"反击号"。

"威尔斯亲王号"右舷的高炮开火了，隆隆的炮声划破了海空的寂静。接着，"反击号"的大口径高射炮和驱逐舰的高射炮也一起开始射击。

瞬间，在日本飞机周围的天空布满了密密麻麻的白色斑点，无数斑点又绽出了一个个由浓烟裹着的金色火球，在空中形成了一道炽热的火网。但是，日机仍然毫不在乎地照直前进。

壹起春手下由9架鱼雷攻击机组成的中队素有"海军之冠"的美称，这次他急于用行动来表明他的中队是当之无愧的。

在"反击号"上，当时正好有一名《伦敦每日快报》的随军记者塞西尔·布朗，当时，他正在给一群玩牌的炮手和水兵们拍照。在军舰一转身时，他朝着在前面大约半海里开外的"威尔斯亲王号"拍了一张照片。

可怎么也没想到，这张照片竟成了"威尔斯亲王号"的遗照。

据塞西尔·布朗回忆说：

上午11时07分，我听见舰上的扩音器广播："敌机向我逼近，各就各位！"

突然间，南面出现了9架飞机。我一点也不知该怎么办，只是呆呆地站在前甲板上，望着炸弹由小而大地落下来。这时，"反击号"舰上的帕姆炮及4寸口径的高射炮一起怒吼，猛烈的炮声震天动地，我觉得自己的耳朵都快被震聋了。

壹起春率9架鱼雷机向"反击号"猛扑过来，其中一架将一枚鱼雷一下子就直射在舰身上，"反击号"上顿时大火熊熊。但舰上的对空火力仍然异乎

寻常地猛烈。有一架鱼雷机在被击毁的瞬间，所发出的鱼雷正好击中了军舰的中部。紧接着，又有9架鱼雷机非常巧妙地从几个方向一架接一架地向"反击号"猛攻，使这艘久负盛名的老舰先后被4枚鱼雷击中。

就在这艘巨舰快要坚持不住的时候，一大批俯冲轰炸机又黑压压地飞临"反击号"的上空。就这样，"反击号"在遭受6枚鱼雷的直接命中之后，在奄奄一息之际，又遭到大批重磅炸弹的轰炸。只见巨舰上空黑烟滚滚，舰体逐渐下沉。此时，坦南特舰长通过扩音器冷静地宣布："准备全体离舰！"然后说了一句，"愿上帝保佑你们。"

此时，舰体已倾斜达70度。"行了，诸位，马上开始离舰吧！"他对部下说完后，自己却挺立在舰桥上不走。最后，在几个军官的拉扯下，他还是被拽走了。随着舰内进水越来越多，舰首开始上翘，站在高层的人已有点站不住了。一个士兵从司令塔纵身跳入了50多米深的海水里，第二个人往下跳时摔倒在甲板上，第三个却一下子跳进了粗粗的烟囱。在舰尾，只见一群海军陆战队员往海里跳，但是，全被巨大的螺旋桨给卷走了……

12时33分，"反击号"倾覆了。那小山似的巨型战舰，瞬间便消逝于波涛海浪之中，海面上能看见的只是一个巨大的漩涡在慢慢漂移……

几乎就在壹起春大尉发起攻击的同时，高井上尉也率鱼雷攻击机冲向"威尔斯亲王号"的旗杆，其速度之快，令英国水手们大吃一惊。

他们看惯了自己那笨拙的"剑鱼"式飞机，对日机这么快的速度，简直都有点不可思议。30多架鱼雷机将它团团围住，不时地有鱼雷乘风破浪向"威尔斯亲王号"袭来，只听"轰"的一声，舰身剧烈地摇晃起来，一枚鱼雷击中了舰的右舷，将吃水线下部炸出一个大洞。

"威尔斯亲王号"全舰大小火炮近百门，每分钟能发射炮弹数万发。此时，该舰以全部火力，拼命对空射击，"威尔斯亲王号"上空的炮弹如同冰雹一样密集，天空一片黄色硝烟。炸裂的弹片，就像撒落的沙子，在海面上激起了一片浪花。

高井事后回忆当时的情形说："天空充满了炮弹的硝烟，弹片和高射炮

与机枪发射的一道道曳光弹弹迹。我的飞机像被敌人的密集弹幕击中似的，一个劲地往下冲，差不多都要贴到水面了，速度表的指数超过了200节。我压根儿记不得我是怎样飞行，怎样瞄准，在离敌舰多远投下鱼雷的……"

这时，日机什么也不顾，只是一个劲地发射鱼雷，只见9枚鱼雷径直驶向"威尔斯亲王号"，海面上立即出现了9条白色航迹，就像成群结队的鲨鱼向"威尔斯亲王号"扑来。"威尔斯亲王号"一连中了4枚鱼雷，一下就将舰两弦完全击穿。

就这样，连续几批鱼雷的攻击使"威尔斯亲王号"开始呈现倾斜。然而，过了一会儿，奇怪的事出现了，只见倾斜的"威尔斯亲王号"又慢慢地正了过来，恢复了原状。就连见多识广的高井也感到大惑不解："中了几枚鱼雷，怎么还能恢复呢？真不愧有'不沉主力舰'之称号。"

"威尔斯亲王号"真是"不沉的战舰"吗？其实不然，原来这是"威尔斯亲王号"的右舷又同时中了两枚鱼雷，造成大量进水，才又将战舰重新扶正。几分钟后，由高桥胜作率领的6架鱼雷攻击机和9架俯冲轰炸机又飞临"威尔斯亲王号"的上空，铺天盖地的炸弹呼啸而下。

"威尔斯亲王号"又开始急剧倾斜，在连续发出几声惊天动地的巨响之后，曾经出尽风头的这艘"不沉战舰"，中了8枚鱼雷和无数枚重磅炸弹之后，就像一头受伤的河马似的，笨重地向左倾覆，被汹涌的马来海水吞了下去，几乎不到一分钟的光景，便从人们的视野里消失了。菲利普斯少将和近千名英国官兵也一起沉入大海。

就这样，日本海军仅以3架飞机的代价，就将英国远东舰队主力战舰几乎全部击沉。

第二支"Z"舰队
重蹈覆辙

"Z"舰队遭到全歼的消息传到伦敦，丘吉尔床边的电话铃响了，电话里传来第一海军大臣达德利·庞德那有点奇特的声音："首相，我不得不向您报告，'威尔斯亲王号'和'反击号'都被日本人击沉了——我们认为是被飞机击沉的。汤姆·菲利普斯已经淹死。"

"你……你确信这是真的吗？"丘吉尔愕然失色，酷似当头挨了一棒，脑袋嗡嗡作响，半晌才反应过来。"毫无疑问，阁下。"庞德十分肯定地说。

丘吉尔痛苦地放下话筒，瘫坐在床上，这可怕消息犹如一股冰水刺入他的心间。此时此刻，他似乎感到末日就要来临。

但这位天性不服输的英国前海军大臣，仍然下决心一定要狠狠打击一下日本人的嚣张气焰。因此，尽管当时欧洲战场已经有点难以应付，丘吉尔还是下令马上重新组建一支新的远东舰队，番号仍为"Z"舰队，立即开赴太平洋海域，与日本人再较量一番。

为了避免重蹈前一支"Z"舰队的覆辙，丘吉尔经过连续几天的反复考虑和商议，最后选中了海军中将詹姆斯·萨默维尔爵士担任新远东舰队的司令官。

詹姆斯·萨默维尔爵士和丘吉尔私交甚深，早在丘吉尔任海军大臣时，两人就是志同道合的莫逆之交。对詹姆斯·萨默维尔的性格、才干和能力，丘吉尔是非常了解和佩服的。这次丘吉尔之所以最后选中詹姆斯·萨默维尔，两人的互相了解和私交也是一个重要原因。

詹姆斯·萨默维尔海军中将具有丰富的海上作战指挥经验，是位头脑冷

静、思维敏捷的英国资深海军军官。特别值得一提的是，此人很善于见机行事，非常注意保存实力，在历次参加和组织的大海战中，都能够做到以最小的损失来争得最大的战果。

新远东舰队由赫赫有名的重型战列舰"厌战号"担任旗舰，另有4艘经过第一次世界大战战火考验的老战列舰和"无敌号""竞技神号""可怖号"3艘航空母舰，以及8艘巡洋舰、驱逐舰加盟，规模要比第一支"Z"舰队大得多。

1942年3月，詹姆斯·萨默维尔海军中将率领着这支庞大的英国远东舰队，浩浩荡荡地开往太平洋战区。

3月底，日本人在得到新组建的英国远东舰队东进的消息后，立即命令南云中将率一支包括6艘航空母舰、4艘战列舰、一艘巡洋舰和11艘驱逐舰在内的舰队南下印度洋海域，前去截击英"Z"舰队，力争将英国舰队在海上彻底摧毁。

日军战机

接到命令后的南云根本没把这支由第一次世界大战的"老古董"组成的舰队看在眼里。这位因珍珠港一战而出名的日本海军战将，在心里期望着能充分发挥自己舰载机的特长，争取在英国舰队停泊地锡兰的科伦坡港敲掉这批"老古董舰队"。

詹姆斯·萨默维尔爵士确实不负丘吉尔之所望，自从驶入远东海域以来，他真是小心加小心，谨慎加谨慎，稳扎稳打，步步为营。萨默维尔还及时向所有重要的海域派出侦察机。

另外，英国情报局也开动所有情报系统，与远东舰队相配合，以尽可能全面可靠地了解日本舰队的行踪。

4月4日傍晚，正是复活节的前一天，萨默维尔将军得知，有一支日本舰队正向科伦坡驶来。于是，他马上命令舰队趁黑夜立即驶离科伦坡，开往锡兰南面约600海里处的一个叫阿杜环礁的海域。那里环礁丛生，非常便于隐蔽。

4月5日，天刚蒙蒙亮，318架日本飞机从"赤城号""加贺号""苍龙号"和"飞龙号"4艘航空母舰上起飞了，其中包括"九九"式俯冲轰炸机、"九七"式鱼雷攻击机和"零"式战斗机。为了对付可能遇到的英国远东舰队航空母舰舰载机的拦截，日军以"零"式战斗机打先锋，后面紧跟着黑压压的混合编队机群。

但是，日机群却在科伦坡港口扑了一个空。这时，扑空的日本人就像发怒的狮子一样，鱼雷攻击机将一枚鱼雷准确地投向港内停泊的几艘货船。待这些货船被击毁后，他们又将用来攻击水面舰艇的威力极大的鱼雷当作普通的炸弹投向岸上的各种目标，只见科伦坡就像发生了12级大地震一样，火光浓烟冲上天空数百米。科伦坡遭受了一场意想不到的大浩劫。

远在600海里之外的萨默维尔中将，真不愧是一员久经沙场的海战老手，他估计日本的舰载机大部离舰前往攻击科伦坡，航空母舰一定空虚，便马上决定抓住这一大好机会出击。

于是，他命令舰队加速前进，搜寻日本的航空母舰，并先后派出了8架侦

察机向几个方向实施侦察。整个舰队做好了一切准备，决心以其人之道还治其人之身，乘虚袭击不可一世的日本舰队。

为了以最快的速度找到日舰，萨默维尔将军还决定将4艘速度比较慢的老式战列舰抛在后面。

这时，有两艘巡洋舰"康沃尔郡号"和"多塞特郡号"偏离了航向掉了队，正好被一艘日本潜艇发现，这艘潜艇马上唤来80多架鱼雷攻击机和俯冲轰炸机。

这些日本飞机就像猫见到了鱼，直扑这两艘倒霉的英舰，只经过一个波次不到10分钟的轮番攻击，大英帝国的这两艘重型巡洋舰在饱尝日本飞机的雷弹攻击之后就沉入了大洋。

萨默维尔得到消息，真是大吃一惊，没想到"偷鸡不成反而蚀把米"，不仅未攻击成日本航空母舰，还丢掉了自己的两艘重型巡洋舰，真是不划算。

此时，经过近10个小时也没见到日本航空母舰影子的萨默维尔，却在舰队周围发现有日本侦察机出没。为了避免继续遭受更大的损失，萨默维尔非常果断地下达了"停止追击，马上返回阿杜环礁"的命令。

萨默维尔的决定真是太明智了，就在他的舰队与4艘落在后面的老战列舰会合后，日本280多架岸基飞机已抵达英舰队刚刚离开的海域上空。由于没有找到目标，南云命令这些飞机直接去攻击锡兰东海岸的一个英军港口。同科伦坡一模一样，日本飞机又将这座空港炸了个稀巴烂。

为预防返航途中遇到英舰队，这些日机并没有把炸弹投完，而是带着部分炸弹返航。萨默维尔做梦也不会料到，日本人歪打正着，这支日机群在返航途中正好和他的舰队碰上。这些憋足了劲的日本飞行员，将所剩不多的炸弹和鱼雷，一股脑地投向防空火力薄弱的"竞技神号"航空母舰。

不一会儿，"竞技神号"航空母舰就沉入了海底，一艘离"竞技神号"航空母舰不远的驱逐舰也捎带着被炸沉了，其他几艘航空母舰也遭到了重创。

第二支"Z"舰队重蹈前"Z"舰队的覆辙，几乎被全歼。就这样，英国新组建的远东舰队在遭受了沉重的打击之后，剩下几艘伤痕累累的军舰也只有返回伦敦这一条路可走了。

"Z"舰队的覆没，是美英继珍珠港事件之后所遭受的又一次沉重打击。英远东舰队被击溃，对当时英国在远东的军事地位产生了灾难性的影响。从此，在海上称雄数百年之久的大英帝国在这一地区失去了制海权。

正如英国首相丘吉尔所说：

在全部战争过程中，我从来没有受到过比这更直接的震惊……当我在床上辗转反侧时，可怕的消息死死地纠缠着我。

无论是在印度洋还是太平洋，都没有英国或是美国的主力舰了。在这广漠的一大片海洋之上，日本独霸，而我们则到处都是脆弱和没有防御的。

海上鏖战

第二次世界大战著名海战

莱特湾战役

　　1944年10月20日，日军与盟军投入船舰总吨位超过200万吨，有约35艘航空母舰、21艘战列舰、170艘驱逐舰与近2000架军用飞机参与莱特湾争夺战。为了阻挡盟军的进攻，日本绞尽脑汁，筹划了四个"捷号"作战方案，分别保卫菲律宾、台湾、琉球群岛、日本本土。然而，尽管日军招招出奇，最后甚至出动神风特攻队，也没有逃脱彻底覆没的命运。

日军实施"捷-1"作战计划

　　在菲律宾诸岛中，莱特岛"街亭虽小，关系重大"，是菲律宾各岛的喉舌部位，也就成了兵家必争之地。因此，在这一带日军也倾其海军全部实力，决心与美国人血战到底。

　　1944年10月20日，美军在菲律宾中部的莱特岛登陆，为了支援掩护登陆部队，美军把中太平洋战区的第三舰队和西南太平洋战区的第七舰队全部集中到了菲律宾东部海域，总兵力达12艘航空母舰、18艘护航航空母舰、12艘战列舰、20艘巡洋舰和104艘驱逐舰，只舰载飞机就有1800余架。

　　然而，就在美军登陆莱特岛的前两天，日本人碰巧截获了美军一份电报，这份电报正好为日军提供了所需要参考的重要情报，于是日本海军司令丰田下令实施"捷-1"作战计划，从而酿成了第二次世界大战中最后一次，也是规模最大的一次海战。

　　10月17日，美军攻占了莱特岛东面的苏鲁岛及迪纳加特岛。18日夜，日本大本营向日陆、海军颁布了开始"捷-1号"作战的命令。

　　20日拂晓，美军开始在莱特岛登陆，当天就夺占并建立了登陆场。由第七舰队组织的两栖编队的420艘各型运输舰船，载着213.5万吨的作战物资，云集在莱特湾内。由于登陆场有限，又无大型港口，卸载工作进展得十分缓慢。

　　为了支援、掩护后续主力部队登陆，美军把中太平洋战区的第三舰队和西南太平洋战区的第七舰队全部集中到了菲律宾东部海域。总兵力达12艘航空母舰、18艘护航航空母舰、12艘战列舰、20艘巡洋舰和104艘驱逐舰，舰

载飞机1280余架。

美军自恃兵力雄厚，根本没有考虑对参战兵力实施集中统一的指挥，也没有建立统一的指挥部，第三舰队和第七舰队仍分属中太平洋战区和西南太平洋战区统辖。

美海军第七舰队由金凯德海军中将指挥，除两栖作战编队外，还有两个编队：炮火支援编队——辖有6艘老式战列舰、若干艘巡洋舰和驱逐舰，由奥尔登多夫海军少将指挥。其任务是对登陆兵实施舰炮火力支援，同时阻止日军舰沿苏里高海峡冲入莱特湾。

另一个是空潜警戒编队——配置在莱特湾外偏东约70海里处，由斯普拉格海军少将统一指挥的3个护航航母小队组成，辖有4艘护航航母以及若干艘驱逐舰，其基本任务是实施对空、对潜警戒，以及对己方的登陆部队进行空中支援。

第三舰队位于第七舰队的警戒编队以北，由哈尔西将军指挥。由于其部

日本舰队

分兵力已转隶第七舰队，因此哈尔西当时只有第三十八特混编队，下辖4个特混大队，拥有航空母舰16艘，新式战列舰6艘，以及若干艘巡洋舰和驱逐舰。

第三舰队的基本任务是防止日军舰艇穿过圣贝纳迪诺海峡，从北面冲进莱特湾。但是，美国太平洋舰队总司令尼米兹在莱特岛登陆战发起前，又给哈尔西部署了三项任务：担任战场警戒；防御日本海空军对莱特岛的反击；消灭日本海军主力。

日军当时十分清楚，残存的日本海军根本不是美国两个舰队的对手。因此，他们放弃了与美军舰队决战的指导思想，决定以打击美军登陆输送舰船为主，支援莱特岛的抗登陆作战。

针对美军强大的攻势，为了通过莱特湾的南北两个海峡口，日军联合舰队精心设置了一个馋人的"诱饵"，即用小泽舰队将美海军主力诱至北方，然后栗田舰队乘机冲入莱特湾，全歼登陆美军。

20日，栗田舰队驶入文莱锚地，并做好了战斗准备。他和西村中将指挥舰队，定于25日黎明一起冲入莱特湾。其行动方案是：

栗田亲率"大和""武藏"等5艘战列舰，还有10艘重型巡洋舰、2艘轻型巡洋舰、15艘驱逐舰组成栗田舰队，从巴拉望岛西岸北上，经锡布延海，穿圣贝纳迪诺海峡，冲向莱特湾。

西村海军中将指挥"山城""扶桑号"战列舰、一艘重型巡洋舰、4艘驱逐舰组成西村舰队，经苏禄海，穿过苏里高海峡，侧攻莱特湾。志摩舰队也同时南下助战，3支舰队对莱特湾形成钳形攻势。

同日，小泽舰队沿丰后海峡开始机动。小泽及其官兵心里十分明白，"歼灭美军航空母舰编队"仅是字面上的任务而已，而牺牲本队，保障栗田等主力舰队作战才是真正的目的。

小泽舰队看起来阵势堂堂，但舰载机只有108架，还不够几艘航空母舰编

制数的一半，并且飞行员都是缺乏训练和实战经验的新手。因此，其战斗力可想而知。

21日，正在南下的志摩舰队接到"从苏里高海峡向莱特湾冲进"的命令。这样，西村和志摩两个舰队决定同时从苏里高海峡冲进莱特湾。

1944年10月22日8时，栗田舰队由文莱湾出发，经巴拉望西方海面北上。西村舰队则于22日下午15时驶离婆罗乃港。志摩舰队驶向台湾海峡。小泽舰队也在台湾东方偏北的海面出现。各舰队都在按预定的计划开始行动。

10月22日夜，美军"飞鱼号"侦察潜艇发现了栗田舰队，并且马上向哈尔西作了报告。根据哈尔西的指示，"飞鱼号"呼唤同伴"绦鱼号"，一同尾随栗日舰队，并伺机攻击。

23日黎明，栗田在旗舰"爱岩号"重巡洋舰上下达"躲避潜艇曲折航行"的命令。但是，大祸仍然很快就临头了。正在舰桥上指挥的栗田感到一阵强大的震撼，"爱岩号"中弹了。

与此同时，邻舰"摩耶号"重巡洋舰也尾部起火。两艘战舰顿时被浓烟和火焰所笼罩，不到几分钟就沉入了海底。几艘驱逐舰迅速驶来营救，栗田和他的参谋们不得不在汹涌的海水中泅到救援舰上。

祸不单行。18分钟后，重巡洋舰"高雄号"也被两枚鱼雷击中，失去机动能力。栗田不得不派两艘驱逐舰护送"高雄号"撤离战区。

恼怒的日军开始攻击美军潜艇，驱逐舰发射的深水炸弹在辽阔的海面上激起一层层巨大的水柱。美军"飞鱼号"潜艇在躲避中不小心触礁沉没。

离莱特湾还有近两天的航程，日军不敢恋战，只好鸣锣收兵，调整队形继续前进。

栗田舰队在对潜艇防御的恐惧中迎来了日出。

天亮后，栗田下令将指挥部移至"大和号"。坐在这艘当时世界上最大的战列舰上，栗田的心里才似乎有了一点安全感。白天总算平静地过去了。夕阳西沉，夜幕又开始降临，栗田默默地祷告，并命令舰队全速航行。

哈尔西从美军"飞鱼号"22日夜发回的电报中得知，不久将有一支大的

日军舰艇编队从北面向美军莱特岛登陆部队发动攻击。

他仔细地琢磨着"飞鱼号"发回的电报："发现舰艇多艘，其中3艘属战列舰。"那么日军的航母在哪里？这是哈尔西此时最为关心的核心问题。

23日晨，哈尔西将他的第38特混舰队展开在圣贝纳迪诺海峡东部，并命令各大队开始搜索日军舰队。

上午9时左右，驶入锡布延海的栗田舰队被美侦察机发现。此时，哈尔西的第三舰队正在菲律宾以东海面待命，自北向南分别是薛尔曼少将的第三特混大队，博根少将的第二特混大队，戴维森少将的第四特混大队。莱特湾海域则是金凯德海军中将的第七舰队。

10时38分，美军第一攻击波12架"无畏"式俯冲轰炸机和18架"掠夺者"式鱼雷攻击机，在36架格鲁曼—6"恶妇"式战斗机的掩护下，向栗田舰队袭来。

当美机飞临栗田舰队上空时，栗田几乎没有一架飞机在空中阻拦，只好靠舰上强大的防空火力来应付了。海空激战刚一开始，就有8架美机被击毁，但美机仍顽强进攻，重点指向"武藏号"战列舰。

"武藏号"是与"大和号"同型的巨型战列舰，面对猛扑而来的美机，"武藏号"上的152门大小火炮一起开火，在巨舰上空织成了一张密集的弹网。但是，仍不能有效阻挡美鱼雷机的攻击。不一会儿，就有3枚鱼雷和3枚炸弹击中了"武藏号"右舷。

12时整，36架"掠夺者"式鱼雷攻击机和24架"复仇者"式鱼雷攻击机，在18架"恶妇"式战斗机的掩护下，对栗田舰队进行了第二次空袭。在纷纷坠落的炸弹中，又有3枚重磅炸弹和两枚鱼雷击中了"武藏号"，其中两枚穿透了两层甲板后爆炸，造成巨大破坏。

12时22分，第三攻击波的42架飞机又蜂拥而至。"武藏号"战列舰再遭劫难，又有3条新式鱼雷击中"武藏号"右舷，剧烈的爆炸几乎把右舷的外装甲全部撕裂。此后，4枚重磅炸弹又命中同一部位，使海水大量涌入，舰首开始下沉。

14时22分，60架美机又发起了第四次攻击，仅"武藏号"就遭到近40架"无畏"式俯冲轰炸机和 "掠夺者"式鱼雷攻击机的攻击。被8枚炸弹命中后，这艘巨舰的上层建筑全部被破坏，舰首继续下沉。

15时左右，近100架美机又前来光临栗田舰队。美"企业号"航空母舰上的飞行大队长史密斯海军中校，带着12架 "无畏"式俯冲轰炸机直扑"武藏号"。接着10架 "掠夺者"式鱼雷攻击机又呼啸而来，顷刻间就有12枚重磅炸弹和11条MK-13型鱼雷命中"武藏号"。"武藏号"一下子就消失在鱼雷和炸弹爆炸所激起的冲天水柱和团团浓烟之中。

15时55分，这艘"永不沉没的战列舰"翻转着它那庞大的身躯，带着遍体鳞伤沉入了锡布延海，长眠在那海藻丛生的海底，为"武藏号"陪葬的舰员近2500人。

此时，日军舰队虽然遭到了重创，但整个舰队仍具有相当强的战斗力。为暂时避开美军的攻击，栗田中将下令："紧急撤退！"实际上是为了给哈尔西制造一个假象。

16时22分，哈尔西得知日舰队撤退的消息后，便判断日本人损失惨重，正在落荒而逃。他们已不可能对美登陆部队构成任何威胁了，因而也就没有进行正准备实施的第六次空袭。可是，一直没发现日本人的航空母舰，却使哈尔西焦急不安。日本人的航空母舰究竟在哪儿？

此时，正在向南急驶的小泽心急如焚，因为他得知栗田舰队已经遭到美机猛攻后，就一再发出明码电报，以期引起哈尔西的注意。然而，哈尔西的飞机正在猛烈地轰炸栗田，根本没有发现小泽这块送到嘴边的"肥肉"。"诱饵"不灵，小泽也只好豁出去了，主动发起攻击。

10月24日下午15时，小泽几乎出动了全部作战飞机，向美军第三舰队的一支轻型航空母舰特混舰队大模大样地发动袭击。

当第一攻击波60余架飞机抵达美舰队上空时，这支轻型特混舰队仅从"埃塞克斯号"上起飞了7架"恶妇"式战斗机迎战，其余不适于空战的舰载攻击机只好像摆设一样整齐地排放在飞行甲板上。

可就是这不起眼的7架战斗机，却发挥了巨大作用。美军飞行员几乎是个个身手不凡，在半小时的空战中，戴维·麦克坎贝海军中校和他的僚机罗伊·拉辛格上尉击落了15架日机，麦克坎贝独自击落9架，创造了太平洋战争中一次战斗单机击落敌机的最高纪录。

可7架飞机毕竟无法完全挡住60余架飞机的攻击，有近20架日机飞抵"埃塞克斯号"上空。但是，这些刚刚补充的新飞行员水平确实太差，他们投下的炸弹竟然没有一枚命中，只是围着美舰激起了无数冲天的水柱，美舰却毫无损伤。

第二攻击波的80架飞机为了取得战果，集中全力攻击了"普林斯顿号"轻型航空母舰。这艘舰上仅有的8架战斗机全部升空，美军飞行员凭借其飞行技能和机载武器火力的优势，一下子就击落20架日机。舰载高射炮密集的防空火力也击落10架日机。

一位战斗机飞行员卡尔·布朗海军上尉说：

我们将80架日机拖住了15分钟……击落了28架。按说，我们不能用8架"恶妇"式战斗机去对付80架敌机，但在它们攻击我们军舰的时候，我们必须首先攻击它们。我们开足油门，紧追不舍，用一切火力射击。

然而，这些勇敢的美国飞行员仍未能挽救这艘航空母舰的命运。在一片不太引人注意的云层里，一下子钻出了8架日本俯冲轰炸机。它们一出现便开始俯冲攻击，美军根本来不及做出反应，便有3枚重磅炸弹落在了这艘巨舰的飞行甲板上。

恰好有一枚穿透甲板钻进机库爆炸，并引爆了机库内6架已挂上鱼雷的"复仇者"式鱼雷攻击机，顿时燃起了冲天的大火。不一会儿，又一声"轰隆隆"的巨响，"普林斯顿号"尾部的鱼雷库被大火引爆，这艘倒霉的巨舰，顷刻间就在近千名舰员的陪同下一起沉入了波涛汹涌的大洋。

　　这是两年前所罗门海空战中"大黄蜂号"被击没以来，美国损失的第一艘航空母舰。

　　17时整，有"蛮牛"之称的哈尔西得到了日舰载机袭击"埃塞克斯号"的消息后，立即率庞大的特混舰队高速北上。此时，他一心只想着要击毁日本人的航空母舰，根本不知道日本航空母舰实际上是纸老虎，舰上几乎没有飞机了。

　　他认为，日本航空母舰是他最重要的攻击目标，而这恰好中了日本人的圈套。后来，哈尔西在他的回忆录中写道："我走进作战室，用手指着海图上300海里以外的日本北方舰队说，我们驶向这里……向北追歼他们。"

　　17时50分，他电告金凯德："栗田舰队业已受创西撤，我正率3支舰群北上，以期能于25日拂晓袭击敌军航空母舰。"就这样，哈尔西这支"猛虎"终于离开了他应该保护的登陆部队，被日本人调离下"山"了。

美军舰队
艰难登陆莱特湾

接到"从苏里高海峡向莱特湾冲进"的命令后，志摩舰队于1944年10月24日黎明从哥伦湾出发，由苏禄海南下，与西村舰队在棉兰老海会师。

24日傍晚，由于没有收到栗田通知推迟攻击的电报，两个舰队经过暮色苍茫的棉兰老海，按照预定的攻击时间，向莱特湾挺进。此时，西村舰队领头，志摩舰队在后，相距约60海里。其实，志摩舰队还在苏禄海航行时，美军第五航空队的侦察机就发现了它，后又跟踪发现了西村舰队。

金凯德认为，这两支舰群同属于一个编队。他自信地判断，这支编队的前进目标肯定是经过苏里高海峡驶向莱特湾。金凯德确信，哈尔西的第三舰队会有效打击从北面来的日本舰队。

因此，他命令第七舰队全力去封锁苏里高海峡，并由奥尔登多夫海军少将负责具体指挥。奥尔登多夫手中拥有老式战列舰6艘、重型和轻型巡洋舰各4艘、驱逐舰21艘、鱼雷艇39艘。

他在苏里高海峡由远及近，布设了鱼雷艇、驱逐舰和战列舰三道防御，严阵以待等候日军舰队的来临。

10月24日23时，美军的鱼雷艇开始袭击进入攻击区的西村舰队。由于日舰用探照灯和速射炮联合抗击，使美军的鱼雷艇不能有效地发射鱼雷，勉强发射的鱼雷也都没有命中目标。但是，美军的鱼雷艇在攻击的同时，却将西村舰队的情况随时向奥尔登多夫作了报告。

25日凌晨2时，美军鱼雷艇部队放弃了攻击，撤出战斗。

2时30分，美军的驱逐舰投入了战斗。美军驱逐舰部队分为两个分队，从

东西两个方向向西村舰队发射鱼雷。不料日军早有警觉，用探照灯把美舰照得雪亮，并施以猛烈的炮击。美军驱逐舰顿感苗头不对，迅速施放烟幕撤出了战斗。

但是，美舰发射的鱼雷还是收到了一定效果。日军一艘驱逐舰被击沉，另有两艘被击伤。旗舰"山城号"战列舰也被美军的数枚鱼雷击中，爆炸沉没，西村等海军官兵也随舰一起消失在漆黑的苏里高海峡之中了。另两艘日本战列舰"扶桑号"也中了一枚鱼雷，舰长坂匡海军少将接替指挥，率领残存的舰艇继续沿海峡北上。

此时，奥尔登多夫的第三道防御——战列舰和巡洋舰编队，已经在海峡口一字排开，张着炮口等待着这份丰盛的"夜餐"。

10月25日凌晨3时50分，当日舰进入美军战列舰和巡洋舰的射击范围时，美舰突然一齐开火。经过20多分钟的激烈炮战，西村舰队已不复存在了，只剩下一艘断后的驱逐舰在负伤后见势不妙夺路而逃，从死亡的地狱中捡回了一条性命。在混战之中，美也有一艘驱逐舰——"格兰特号"稀里糊涂的中了12发炮弹而沉没。除此之外，美舰无一伤亡。

1个小时之后，志摩舰队步西村舰队的后尘而至。随即，志摩舰队也是首先遭到了美军鱼雷艇的攻击，该编队一艘轻巡洋舰当即中雷负伤，航速随之下降。但是，整个志摩舰队继续前进。不久，志摩便看见正在燃烧下沉的日军舰艇。

紧接着，舰上的雷达又发现了前方有美国军舰，志摩随即命令驱逐舰发射鱼雷攻击，但毫无效果。

志摩的旗舰随即转向，不料又撞上了一艘正在下沉的日军舰艇。被撞舰上日军愤怒的谩骂声立即使志摩清醒地意识到：此处已成为日军舰艇的"坟场"。

此时，他又回想起自昨天下午接收到栗田舰队的一份电报后便中断了联系，只收到了联合舰队司令长官的回电："仰仗神明的庇佑，全军猛进突击。"

但是，栗田在哪里？志摩意识到，此时前进的危险性太大。于是决定撤退，以期另寻战机。

天亮后，美机向撤退的志摩舰队发起了攻击。由于日军已有准备，美军攻击效果甚微，只是将受伤落伍的"阿武隈号"轻巡洋舰击沉而已。

此时，莱特岛滩头，大批的舰船正在继续卸载，岸边是堆积如山的物资。

栗田舰队在24日经历了美机接连5波攻击后，紧急撤退。夜幕又一次降临了，黑暗笼罩着栗田舰队。然而，栗田的内心却依旧十分紧张。在这狭隘的圣贝纳迪诺海峡是否会有水雷？哈尔西的战列舰是否已在海峡出口摆好了"T"字阵列？栗田内心越想越恐惧，但没有其他选择，只有"仰仗神明庇佑"了。

栗田命令整个舰队列成编队，做好在海峡口炮战的准备。接着，栗田向

✪ 发射鱼雷

舰队全体官兵发出了一道措辞直率的命令：

冒全军覆没的危险，猛进突破，一举歼灭敌军。

面色憔悴、神情紧张的日本水兵登上了炮位，不知道等待他们的将是什么样的命运。

25日1时左右，栗田舰队驶出了圣贝纳迪诺海峡。雷达迅速扫描了周围50海里的海面，没有发现任何美军，连一艘警戒的舰船都没有。栗田十分惊讶，同时心中的希望之火重新燃起：沿萨马岛东岸南下，向莱特湾挺进！

天色越来越亮，一轮红日从东方的海平面上冉冉升起。栗田发布了新的命令，舰队进入防空航行队形。

6时45分，日军瞭望哨突然发现东南水平线上有4根耸立的桅杆。栗田及参谋人员又惊又喜，认定这就是哈尔西的航空母舰编队。"抓住天赐良机，保持现有队形，立即突击。"栗田发出紧急命令。

实际上，这支美军舰群是C.斯普拉格海军少将指挥的护航航母小队，代号"塔菲3号"。

6时58分，"大和号"战列舰上的460毫米巨炮开始射击，美舰周围立即掀起了高达百米的巨浪。顷刻之间，日军各舰炮火齐鸣，美军被猛烈的炮火所覆盖。

斯普拉格拼命向金凯德呼救。金凯德及时向哈尔西通报，并要求他给予支援。

7时30分，哈尔西电告金凯德："我正率部攻击敌航母，难以脱身。"金凯德又下令镇守苏里高海峡的奥尔登多夫率战列舰编队火速北上支援斯普拉格。

不料，奥尔登多夫回电："此时油弹不足，尚需补给，即使不补给也要两个小时以后才能赶到。"

两个小时以后的第七舰队可能早已被日军舰队消灭了，莱特岛的运输船

和堆积如山的滩头物资可能早就上西天了。怎么办？金凯德心急如焚。

此刻，在萨马岛海面上，斯普拉格正以16节的速度落荒而逃，而日舰以30节的高速穷追不舍。

日舰越追越近，施放烟幕已经没有任何作用。为了赢得时间，斯普拉格命令担任警戒的驱逐舰反扑过去，实施自杀性攻击。

美军3艘驱逐舰奉命调转头来，迅速扑向日舰，一进入8000米有利射程后立即发射鱼雷。日军一艘巡洋舰被击中，其他日舰不得不暂停追击，进行规避。3艘美军驱逐舰不依不饶，仍然对日舰进行猛烈的炮击。

对于重钢厚甲的日军战列舰和巡洋舰来说，驱逐舰的火炮攻击犹如隔靴搔痒。

相反，3艘美驱逐舰却被日舰的巨炮轰得百孔千疮，其中两艘迅速沉没。当日舰再次追近的时候，斯普拉格又命令4艘护卫舰冒死拦击，结果又是以卵击石，一艘沉没，3艘负伤失去了战斗能力。

至此，斯普拉格的招数已经用尽。栗田舰队横展在15海里宽的海面上，对美舰展开最后的"围剿"。

一艘护航航母中弹后减速掉队，9时7分，带着周身大火沉入海底。另外两艘护航航母也中弹数发，但由于仅穿透舰体而未爆炸，逃脱了厄运。

正当斯普拉格绝望之时，日舰突然停止了射击，转向回撤。身陷绝境的斯普拉格终于从死亡地狱中逃了出来。

原来，栗田舰队分得很散，"大和号"与大部分舰艇失去联系。栗田考虑到冲入莱特湾后的燃料问题，便下令停止追击，让其他舰向"大和号"靠拢。

10时30分，栗田舰队集合完毕，开始南下。11时20分，航向东南，向最终目标——莱特湾进击。

12时30分，栗田对战场情况作出如下判断：

因为与美航空母舰群交战而耗费了时间，失掉了策应苏里高

方向部队的时机，因此不到午后不能冲入莱特湾。

在午前的战斗中，根据美军"请求援助"和"两小时以后"的报文内容，美舰船不在湾内的可能性很大。

随后窃听电报又得知：美方命令航空母舰飞机在塔克洛班基地着陆，又在莱特岛南面集中以多艘航母为主体的舰队，日方如冒险冲入湾内，在狭小海面无法自由行动，将受到美大量飞机的集中攻击，战况对日方十分不利。

基于上述判断，12时36分，栗田下达"全舰队北进"的命令。栗田想在莱特湾外与赶来支援的美军舰队再决战一场。

至此，日军派往莱特湾阻止美军登陆的3支舰队中的西村舰队被消灭，志摩舰队带伤撤离，栗田舰队已经到了莱特湾又命令"全舰队北进"。他们无一冲入湾内，致使湾内的美军从容地卸载那堆积如山的物资。

日军成立
"神风"特攻队

　　1944年10月17日，刚刚就任日本第一航空舰队司令的大西泷治郎中将匆匆赶到菲律宾，企图挽救日本帝国日薄西山的命运。

　　大西是日本"铁杆"军国主义分子山本五十六的心腹，也是策划偷袭珍珠港的核心人物之一，在日本海军航空界素有"瑰宝"之称。

　　然而"巧妇难为无米之炊"，此时基地航空部队可投入战斗的飞机还不到100架。而且，这些飞机的性能极差，飞行员低劣的驾驶技术达到了惊人的程度。

　　面对日本全线崩溃的危局，大西认为"最大效率地使用我们的微薄力量的唯一办法就是组织由'零'式战斗机编成的敢死攻击部队，每架带上250千克炸药，俯冲撞击敌航母。只有这样，才有可能阻止住美军的锐利锋芒以挽救危局，此外别无他法。"

　　大西的想法得到了许多狂热的日本飞行员的欣赏。

　　10月19日深夜，大西召集第一航空舰队的精华，成立了以寻歼航母为目的的"神风"特别攻击队。

　　"神风"的典故源于15世纪中叶，元世祖忽必烈先后两次派出强大的船队攻打日本九州，每次都是在眼看日本就要被征服时，海上突然刮起强烈的台风，使蒙古人船毁人亡，全军覆没。素来崇尚神灵的日本国民便把这两次"葬元军入鱼腹、救日本于转瞬"的暴风称之为"神风"。

　　此时，正值日本法西斯气息奄奄、危在旦夕之际，他们幻想以"神风"带来天助神佑。

"神风"特别攻击队实施一种自杀性"肉弹"攻击的作战方法，即在机上装上大量的烈性炸药，置于飞行员座舱之前，一旦发现目标，就连人带机撞下去，其机头触及坚硬之物立即发生剧烈爆炸。

这种作战方法在太平洋战争中并不是第一次出现，在美日战争的第一天，即偷袭珍珠港战斗中，板田房太郎中尉就曾驾机撞向美军机场。

首次有组织的自杀性攻击出现在1944年5月的比阿克岛登陆战中，日本为夺回其与南洋交通线上的要地，与美军发生了激烈战斗。27日，陆军第五飞行战斗队队长高田胜重少佐断然率4架飞机向驶近的美舰撞去，并撞沉了美舰。

战后，日将此举通报全军，引起了军内外的震动。此次行动成为"神风"特攻战术的先导。

"神风"机在升空对敌舰进行攻击时，一般分为战术小队，一个小队通常有特攻机3架，支援机两架。支援机从事领航、掩护与拦截美机作战、观察战果等任务，由老练的飞行员担任，特攻机则专事撞击目标，他们甘愿为日

日本战机 ⌵

本法西斯"玉碎"。

24日6时30分，日军的6架自杀飞机在4架护卫机的掩护下，从棉兰老岛向北飞去，一架撞击了"桑提号"护航航母，另一架击中了"苏旺尼号"护航航母。"神风"初试威力。

25日上午10时50分，日军又派出9架自杀飞机。此时，莱特湾海面一片寂静。突然，美"范肖湾号"护航母的瞭望哨发现9架日机直奔美航母编队而来。由于日机飞得很低，雷达没有发现，瞭望哨赶紧拉响了舰上的警报。

就在美战斗机升空实施拦截时，日机又一下子爬到好几千米的高空。不一会儿的工夫，只见5架"零"式战斗机从高空中俯冲而下，朝着航母编队的方向飞来。

此时，"基昆湾号"上的舰员们还以为它会再次拉起来，不料它却直冲着航母左舷的狭窄通道冲去。只听一声巨响，飞机炸成碎片，"基昆湾号"甲板上顿时血肉横飞。

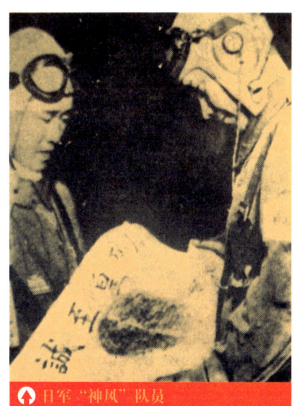
日军"神风"队员

另外两架则咆哮着冲向"范肖湾号"航母，显然也是要撞击它。庆幸的是"范肖湾号"上的舰面火力将其击中，飞机在临近航母的刹那间解体。

最后两架日机则对准了"怀特普莱恩斯号"航母，在"怀特普莱恩斯号"猛烈的舰面火力的打击下，两架日机均被命中。

然而，其中一架却拖着

长长的浓烟，一个右转弯向着"圣洛号"航母冲了过去。它似乎是要降落，但在着舰的瞬间，飞行员把飞机一翻，"轰隆"一声坠毁在"圣洛号"的飞行甲板上。顿时，甲板上成为一片火海，继而引起舰内一连串剧烈的爆炸。

久经海战而片甲未损的"圣洛号"航母因此葬身海底。

大西泷治郎并未就此善罢甘休。26日、27日他又相继派出了27架"神风"特攻机。

莱特湾海战，日共出动"神风"机55架，击沉美航母一艘，重创4艘，轻伤一艘；击沉巡洋舰一艘，重创一艘，另击沉、击伤其他各种小型舰船若干。

莱特湾之战为大规模的自杀性特攻开了恶端。此后，"神风"特攻越演越烈。

美军全歼日本
航空母舰编队

　　1944年10月24日，小泽将舰队分为前卫和本队两个舰群进行活动，以便吸引美军的注意。

　　晚20时，当小泽得知栗田舰队已经返航后，便命令舰队收拢，向北方退避。不久，小泽又接到联合舰队司令的"仰仗神明庇佑，全军猛进突击"的电令。子夜，他又率部再度折回南下。

　　25日6时左右，小泽舰队的本队与前卫部队在预定海域会合。此时，小泽拥有大型航母一艘、轻型航母3艘、战列舰两艘、轻巡洋舰3艘和驱逐舰8艘。

　　与此同时，在甲板上待机的美军第一攻击波的180架飞机也跟随着侦察机起飞了。由于美军突击机群在空中得到了及时的引导，8时稍过就发现了小泽舰队。

　　美机立即开始冲破日舰空中火力屏障和仅有的13架日军战斗机的拦阻，进行猛烈的攻击。小泽的"千岁号"轻型航母首先被炸沉，"瑞鹤号"航母也被鱼雷击中。此外，还有一艘驱逐舰被美军击沉。

　　小泽在美机的猛烈攻击中，不忘自己的使命。

　　8时30分，他向栗田发了一份电报："敌舰队已被我诱至北方，目前正在集中火力向我进攻。"

　　然而，这份极为重要的电报，栗田却没有收到。

　　10时，美军对小泽舰队进行了第二次攻击。此次空袭中，日军1艘巡洋舰被击伤，航速降为10节；"千代田号"轻型航母也中弹起火、开始倾斜。

　　此时，哈尔西早已杀红了眼，根本顾不得认真地分析金凯德的数份求救

电报，他要集中全力消灭眼前这股残存的敌人。

常言道：旁观者清，当局者迷。远在千里之外的夏威夷，尼米兹发电告诫哈尔西"上当了"。

直至此时，哈尔西才大梦初醒。他火速收兵，亲自率战列舰编队先行，第38特混舰队和第四特混大队随后，日夜兼程赶往莱特湾。留下米切尔海军中将指挥第二和第三两个特混大队，继续追歼小泽舰队。

11时45分，米切尔指挥第三批突击机群发起第三次攻击，袭击了残存的日军航空母舰。结果，"瑞凤号"被重创，"瑞鹤号"又被3枚鱼雷击中，不久也沉没了。这艘日本唯一尚存的参加过偷袭珍珠港航母的沉没，表明美国海军已经报了当年的"一箭之仇"。

发动进攻的战机 ⊻

午后，美军第四次派出突击机群，终于将奄奄一息的"瑞凤号"航母也送入了海底。

18时，小泽舰队在暮色中开始撤退。撤退途中又遭到美潜艇的袭击，一艘负伤的巡洋舰又被击沉。此外，小泽放弃的重伤的"千代田号"轻型航母，也被美军水面舰艇给击沉了。

此次战斗中，日军先后被美军击沉了4艘航空母舰，一艘巡洋舰，两艘驱逐舰。损失虽然相当惨重，但是却达到了引诱美军机动部队北上的目的。然而，小泽所付出的巨大牺牲却没有换取日军预想的战果，因为栗田并没有利用小泽创造的这一有利战机，去争取莱特湾抗登陆作战的胜利。小泽成了白白送给美军的诱饵。

26日8时34分，哈尔西命令随后赶到的第四特混大队的30架美机，向栗田舰队撤退的方向追击。日军"大和号"战列舰被两枚炸弹击中，另一艘巡洋舰"能代号"也中雷沉没。

至此，人类历史上规模最大的、以登陆与抗登陆为背景的海战——莱特湾大海战，终于落下了帷幕。此次海战，作战空间在东西宽600海里、南北长2000海里的广阔海域全面展开，双方共计参战的作战舰艇293艘，飞机1996架。

莱特湾海战的结果，极大地影响了莱特岛陆上作战的进程和结局。12月7日，美军第七十七师从海上迂回到西海岸上陆，使陆上日军腹背受敌。

12月30日，美军宣布基本上占领莱特岛，歼敌50000余人。

在莱特湾大海战中美军参战兵力多达航空母舰16艘、护航航母18艘、战列舰12艘、重巡洋舰11艘、轻巡洋舰15艘、驱逐舰144艘、护卫舰25艘、运输舰后勤辅助舰592艘、飞机近2000架。在战斗中被击沉航空母舰1艘、护航航母2艘、驱逐舰2艘、护卫舰1艘，被击伤护航航母4艘驱逐舰2艘、护卫舰3艘、潜艇1艘，损失飞机162架，伤亡不足3000人。

日军参战的兵力可以说倾其所有，共有航空母舰4艘，战列舰2艘、重巡洋舰14艘、轻巡洋舰7艘、驱逐舰32艘、飞机约600架。在战斗中被击沉航空

母舰4艘、战列舰2艘、重巡洋舰6艘、轻巡洋舰4艘、驱逐舰10艘，被击伤航空战列舰1艘、战列舰4艘、重巡洋舰3艘、轻巡洋舰2艘、驱逐舰3艘，损失飞机288架，伤亡超过1万人。

经此一役，美军全歼了日本航空母舰编队，夺取了菲律宾海域的控制权。而显赫一时的日本帝国气数将尽，濒临灭亡的边缘。

战后，日本海军大臣米内光政在评价莱特湾海战对日本帝国的影响时说："我觉得这就是终结！"

综观莱特湾大海战，日军失败的原因除了战略上整个局势极为不利，战术上兵力处于绝对劣势外，还有如下具体原因。

航空兵力薄弱，特别是飞行员在训练水平、战术素养上都与美军相差得太远。美国"埃塞克斯号"上起飞了7架"恶妇"式战斗机顶住了日本第一攻击波的60余架飞机，而"普林斯顿号"轻型航空母舰仅有的8架战斗机竟然打乱了日本第二攻击波的80架飞机。

具有武士道精神的日本飞行员不可谓不勇敢，然而在战场上为何这样的笨拙呢？很简单，就是因为缺乏足够的训练。当然，可以说这个责任并不完全在于这些年轻的飞行员，因为他们可能刚刚懂得什么叫作飞行就被派到了战场。这也说明日本在这场战争中消耗太大，已经没有支持这场战争的资源和潜力了。

海上鏖战

第二次世界大战著名海战

北角大海战

　　1943年12月22日，德国飞机在北海海面发现了正在前往苏联的运输船队，德军发出了截击船队的命令。12月25日，德国舰队驶离特隆赫姆，前去搜寻运输船队。英国皇家海军截获了德军的电报，因此，决定派出战舰前去伏击德军舰队。北角海战最终以德国"沙恩霍斯特"号战列巡洋舰在14艘英国与挪威战舰的追击围堵下沉没作为结局。

德意志
新战舰下水试航

早在20世纪30年代初，当"德意志号"袖珍战列舰还躺在船坞里加紧建造的时候，德国海军总司令部就已着手酝酿一项新的造舰计划，即新建两艘能与法国"敦克尔克"级快速战列舰相匹敌的战列巡洋舰，并以开创德国现代军队之先河的普鲁士军事家沙恩霍斯特和格奈森瑙作为舰名。

两舰于1935年年初相继秘密开工，并分别于1938年5月和1939年7月下水服役。由于采用了锅炉效率较高的蒸汽轮机，两舰航速提高至32节。3座三联装280毫米主炮，分别配置在首部和尾部，12门150毫米副炮布置在上层建筑的两侧。

如此有效的装置，使其成为第二次世界大战开战时德国海军最强大的军舰。但在北角一战中，德国还是输了。这可能是德国海军首脑们所始料未及的。

"沙恩霍斯特号"和"格奈森瑙号"在正式参战前，进行了一次不同凡响的海上游猎。此次游猎虽然干得并不出色，但至少说明德国人是极富心机的，对付他们并非易事。

1939年11月21日中午14时，德国新造的两舰从威廉港起航，在马尔歇尔中将的指挥下向北驶去，正式开始了它们的首次游猎。此次出航的目的在于试探英国海军大西洋防御体系的虚实，所以雷德尔海军元帅只给了两舰极有限的任务。

"沙恩霍斯特号"和"格奈森瑙号"准备先沿挪威水道北上，穿过北海，再折向西北。顺便在舰队驶抵法罗群岛和冰岛之间的英国海军警戒线

时，装出要直闯北大西洋航线的样子，趁机捞上一把。

狼子野心，何其毒矣！就算英国海军警觉，德舰也可马上转头往北疾驶，进入北极地区长夜的黑暗中躲藏起来，事后再寻找机会，利用速度快的优势，高速南下返回德国。

连一次游猎行动都部署得如此严密，德国人的精细可见一斑。

23日早晨，"沙恩霍斯特号"和"格奈森瑙号"悄无声息地越过法罗群岛，尔后继续向西北方向前进。

此时，英国皇家海军的辅助巡洋舰"拉瓦尔品第号"正在这片海域担负巡逻警戒任务。当日下午16时，"拉瓦尔品第号"突然发现前方冒出了两

舰艇 ⚓

艘气势汹汹的德国巨舰，当时距离只有8000米。"拉瓦尔品第号"原是艘商船，经改造后才用作战船，只装有100毫米大炮，速度慢，而且没有装甲防护。

距离如此之近，跑来不及，而战则只有死路一条。

"拉瓦尔品第号"舰长没有过多地考虑而毅然选择了后者，既然难免一死，也该死得有价值些。

于是，他一边发报报告发现德舰，一边全速冲向前面的两个庞然大物，意欲发挥自己小口径火炮的作用，拖住强敌，争取时间。

但毕竟实力相差悬殊，两舰的第一次主炮齐射就使"拉瓦尔品第号"瘫在海上，炮塔被掀翻到海里，两小时后便沉入冰冷的海底。

获悉德舰入侵后，英国海军立刻撒开大网进行围捕。"纳尔逊号"和"罗德尼号"两艘战列舰从苏格兰起航，挺进挪威，以切断德军退路；"胡德号"战列巡洋舰和法国"敦刻尔克号"快速战列舰从朴利茅斯起航，驶向北纬60度，西经20度的阵位，以期保卫中大西洋航路。

"厌战号"战列舰也离开护航编队，驶向丹麦海峡，以防"沙号"舰由此闯入北大西洋航线；远在加拿大海岸的"反击号"巡洋舰和"暴怒号"航空母舰也立刻起航东进，构成北大西洋的第七道防线。

英国海军部同时下令离出事地点最近的"新卡斯特尔号"重巡洋舰尽量缠住德舰。"新号"舰接到"拉瓦尔品第号"的警报后，立刻全速驶向出事地点。

当时天正下小雨，能见度很低，"新号"在两小时后发现东方海面上有探照灯光和火炮射击时的闪光。

不久，他们又看见10公里处有一艘军舰，两分钟后又看见第二艘，很显然，两德舰是在用信号灯进行联络。

"新卡斯特尔号"担心距离太近，自己势单力薄无法抗敌而减速转向。但是天不作美，雨越下越大，没装雷达的"新号"舰很快就失去了目标。

事实上，德国两舰也不敢在海面上逗留过久。所以当听到"格奈森瑙

号"报告说，附近好像有一艘英国军舰时，不明英军虚实的马尔歇尔害怕被缠住而急速东奔，装出要从挪威海逃跑的样子。

午夜之后，两舰转向东北，于次日晚接近北极长夜圈的边缘。在此闲逛12个小时后，马尔歇尔试图以雨雾做掩护，沿挪威海岸回国。但是在接下来的两天里，两舰两次南行都遇上大晴天。

马尔歇尔中将不敢冒险，只好又掉头北上，继续泡在北极圈的黑暗里。

27日天气恶劣，在浓雾的庇护下，他们快马加鞭，沿着挪威海岸32公里的水道全速南下，并偷偷越过英国巡洋舰警戒线间的空隙，溜回德国。

可怜英国海军部对此浑然不觉，竟还在北极圈附近傻愣愣地部署重兵。德国人实在狡猾。

英国海军围猎
"沙" "格" 舰

德国特意建造"沙""格"两舰，当然并不仅仅是让它们作几次游猎。对两舰来说，更艰巨的任务还在后面。所以在两舰首次出猎并安全返航5个月之后，它们又结伴出征，前去配合德国陆军在挪威北部战略重镇纳尔维克的登陆。

1940年五月上旬的一个凌晨，挪威北部海区狂风怒号，浪涛惊人。正在此地的德两舰发现英国皇家海军中大名鼎鼎的"声望号"战列巡洋舰在数艘驱逐舰的警戒下向它们扑来。

"声望号"380毫米的主炮火力凶猛，"格奈森瑙号"连中数弹。德军卢金斯舰长见势不妙，立即下令撤出战斗。

英军虽在此短暂的海战中小胜，但纳尔维克仍未收复，欧洲局势已经大变。

1940年5月10日，西线德军大举进攻，20天内就把英法盟军主力打得丢盔弃甲，落荒而逃，并因此而有了英法盟军闻名世界的大行动——"敦刻尔克大撤退"。

英法盟军从敦刻尔克逃到英国，德军趁机打开了巴黎的大门。由于本土命运危在旦夕，纳尔维克的盟军只得撤退。德国自然不会放弃这有利的时机，正在挪威海执行"朱诺行动"的两舰立即向盟军舰船猛杀过来。

这一次，德军可谓是战果累累。很短的时间内，德舰就击沉了一艘油船和一艘运兵船。"沙恩霍斯特号"和"格奈森瑙号"主、副炮联合夹击，迅速解决了时运不佳的英国"光荣号"航空母舰。

另外两艘护航驱逐舰也同遭厄运，但其中一艘在沉没之前，成功地向"沙恩霍斯特号"发射了一枚鱼雷。"沙恩霍斯特号"受到重创，只好无可奈何地返回特隆赫姆港。但是这里也并非安全之地。

在挪威海战中吃过大亏的英国海军当然不会对"沙恩霍斯特号"姊妹舰心慈手软。

6月13日，"皇家方舟号"航空母舰起飞15架轰炸机，在特隆赫姆港轮番轰炸。一枚230公斤的炸弹准确命中"沙恩霍斯特"舰，只可惜没有爆炸。与此同时，英军还组织起严密的封锁线，监视特隆赫姆港，防止德舰逃回本土。

为解救受伤被困的"沙恩霍斯特号"，雷德尔命令"格奈森瑙号"和"希佩尔海军上将号"重巡洋舰向冰岛佯动，以期调虎离山，引出英国舰队以掩护"沙恩霍斯特号"舰脱身。

但是英国人防卫森严，"格奈森瑙号"刚一出海就遭到英国"克莱德号"潜艇的伏击，身中鱼雷后悻悻而归，不过总算保得"沙恩霍斯特号"乘机溜走。

7月，雷德尔以同样的手段，让"希佩尔海军上将号"出港诱敌，从而使"格奈森瑙号"也逃离了英国人的手心。

前一时期德国海军的运气非常不错，潜艇作战和水面袭击敌舰均频频得手。袖珍战列舰"舍尔海军上将号"和重巡洋舰"希佩尔海军上将号"从1940年10月份起，在各大洋巡回捕食，硕果累累却毫发未伤。于是，雷德尔的作战激情再次涌起，决定再打一个漂亮的海战。

逃回德国的"沙恩霍斯特号"和"格奈森瑙号"一直在船坞里待了半年多才养好伤。

1941年1月22日，在吕特晏斯海军上将的率领下，刚刚痊愈的两舰从基尔出发，穿过斯卡格拉克海峡，紧贴挪威海岸北上，花了5天时间到达北纬69度。之后，又转向西南方的冰岛，伺机沿冰岛东海岸南下，闯入北大西洋航线。雷德尔的本意，一是让海战锦上添花；二是策应"舍尔海军上将号"和

"希佩尔海军上将号"回国休整。为此，他还特意在大西洋各处预定的海域部署了5艘伪装成中立国货船的补给船。

事先就做好准备的英国皇家本土舰队司令托维海军上将乘"纳尔逊号"战列舰，率"罗德云号"战列舰、"反击号"战列巡洋舰及另外8艘巡洋舰和11艘驱逐舰云集卡帕湾，严阵以待。

英国情报部门虽未能破译德国海军的密码，但却从近期德军无线电通信活动异常活跃的现象中，推测出两艘姊妹舰可能要出航。果然，几天后，两舰的北行踪迹即让瑞典海岸观察哨发觉。托维海军上将闻讯后率队出发，急忙驶向冰岛以南190公里的截击海域。

1月29日清晨，英方前哨舰"水神号"巡洋舰发现了这两艘大型德舰。托维上将即令巡洋舰全速跟踪，战列舰随后跟进。但是，"沙恩霍斯特号"早在"水神号"发现自己的6分钟之前，就看到了英国舰队的身影，于是马上掉头北进，待英军赶到时，它早已消失在北极冰海的茫茫夜色之中。

2月1日，在补给船给两舰补充了油料之后，吕特晏斯便率军向丹麦海峡进发。德国人这次运气好，未遇丝毫意外便顺利通过了海峡。雷德尔闻讯按捺不住心中的狂喜，致电向吕特晏斯表示祝贺。

2月5日，吕特晏斯在格陵兰以南又加了一次油之后，径直南下，开始捕猎英国运输船队。

三天后，南方海面出现大队船只，正自西向东缓缓前进。尽管英军舰队的一艘战列护航舰"拉米尼斯号"是

一战前建造的老朽军舰，但吕特晏斯为保存实力根本无意与英国交战，遂放弃了攻击计划。

吕特晏斯料定"沙恩霍斯特号"的出现必然会招致更多的英舰，于是西行驶入格陵兰和加拿大之间的戴维斯海峡，与一艘德国补给船会合后，整整避了10天的风头才继续南下捕猎。

一支从英国驶来的空船队，在加拿大近海解散，准备分头驶往各自的目的地，护航战列舰恰巧为接送其他船队而先行离去。也许注定了它们该遭此劫，吕特晏斯刚刚南下就逮住了这支船队。德军两舰如狼入羊群，很快就将5艘货船送入了海底。英国海军部自此方知他们一直防范的两舰已经跑到了北大西洋航线的中间，于是急忙组织围捕。但吕特晏斯如此狡猾之人岂会坐以待毙？他假装要在这片大海继续围猎，一天后却掉头转向西南，直奔非洲海岸的弗里敦。

3月8日，在弗得角群岛以西350海里处为SL67船队护航的英国"马来亚号"巡洋舰的水上侦察机正好从"沙恩霍斯特号"舰头顶上飞过，吕特晏斯立刻掉头向北绕了一圈，最后向西北方向转移。在途中，他还顺手吃掉了一艘单独航行的商船。而此时英国情报部

军事驱逐舰 ⌄

门通过无线电监听，认为这两艘德舰可能会逃回德国，于是英国海军部和本土舰队出动了所有的舰只，在德舰返航路线上层层设防，占领有利的截击部位。

非常可惜的是，英军的这些行动对德舰已经构不成严重的威胁。

"沙恩霍斯特号"和"格奈森瑙号"并没打算回国，而是出人意料地再次返回繁忙的北大西洋航线。3月15日和16日，它们竟一举击沉16艘商船，总吨位达82000吨，再次在其功绩册上写下了一笔。16日傍晚，两舰偶遇正为HX—114船队护航的英"罗德尼号"战列舰，吕特晏斯立即开足马力，居然顺利地从英军的眼皮底下钻过去。

英国海军部虽然历经多次失败，但仍未吸取教训。他们又凭经验推测"沙恩霍斯特号"和"格奈森瑙号"接下来会向北航行，通过丹麦海峡去法罗群岛与冰岛之间的洋面，再折回德国，因此加强了这两个海域的巡逻。

他们又错了！吕特晏斯此次的目的地是法国的布勒斯特而并非德国，因为他要让两艘德舰开入这个沦陷的法国港口，以吸引英国海军，借以掩护"舍尔海军上将号"袖珍战列舰通过北方航线返回德国。

3月17日下午17时30分，"皇家方舟号"航空母舰上起飞的侦察机发现了德军姊妹舰。但在关键时刻电台却失灵了，飞行员只得飞回母舰报告。吕特晏斯一见被发现，就立刻将航向由东北改为正北，做出要折返德国的架势，但盘旋的侦察机一走，两舰又直奔布勒斯特。

18日，比斯开湾连续大雾，能见度极低。德舰欲驶向法国的迹象越来越明显，眼看着即将成为漏网之鱼。英国海军部于是急令还在冰岛海域守候的3艘战列舰全速南返，驻防直布罗陀的21舰队则迅速北上拦敌。但英军又扑了空，恶劣的天气加上德舰超常的速度，使英军再次成为这场角逐中的败将。

21日19时55分，英国岸防司令部的巡逻机在布勒斯特以西的320公里处眼睁睁地看着两艘巨舰驶入德国空军的保护圈之内。

次日，两舰靠港，结束了它们在1941年春历时两个月的大洋游猎生涯。但令德军没想到的是，这对姊妹舰一生的光辉岁月也随之走到尽头。

德军实施"三头狗"计划

　　1941年5月24日清晨，"俾斯麦号"战列舰一阵排炮把英国"胡德号"战列舰炸断成两截后，马上遭到整个英国海军的围捕。

　　5月27日，"俾斯麦号"一沉没，"沙恩霍斯特号"和"格奈森瑙号"就成了英国海空军关注的焦点，再想闯入大西洋耀武扬威已经不可能了。驶入布勒斯特的"沙恩霍斯特号"和"格奈森瑙号"以及原停泊在港内的"欧根亲王号"很快就成为笼中之兽。

　　英军驻直布罗陀的H舰队和驻苏格兰的本土舰队早已做好了一切准备，随时可以出发截击妄图出港的"沙恩霍斯特号"舰。尽管德军有数百门高射炮时刻对空警戒着，上百架战斗机昼夜在港口上空巡逻，还让发烟船布下重重灰色烟幕，但对蜂拥而至的英国轰炸机仍然防不胜防。

　　德国3艘重型舰被困布勒斯特，令希特勒非常恼火，他给了雷德尔及其舰队两条路，让其自行选择，目的当然只有一个：要让3艘德舰重返德国。

　　"三头狗"欺敌计划便在这样的背景下诞生了。

　　7月23日，加装完高射炮，重新换了新型发动机的"沙恩霍斯特号"开出船坞准备试航，立即遭到英军的轰炸。5枚炸弹钻进船舱，尽管两枚未炸，但另3枚却造成严重破坏，船舱进水300吨。

　　"沙恩霍斯特号"带着这300吨海水，慌忙返航，途中又遭轰炸，不过，时运不错，这次没被一枚炸弹命中，最后，它如一头受伤的野兽狼狈地返回船坞。

　　希特勒对3艘舰的所为非常不满。而此时，德军已大举入侵苏联，希特

勒凭直觉判断盟军可能会在挪威登陆，策应苏联战场。为此，他打算将所有的海军力量都集中在那里。于是首先命令3艘德舰冲破封锁，返回德国本土基地。

1942年1月12日，希特勒给了雷德尔和战列巡洋舰队司令西里阿克斯海军中将两种可供选择的北上航行方案：一是绕过英国、爱尔兰的西航线；一是穿越英吉利海峡和多佛尔海峡的东航线。

实际上，选择其中任何一种方案都需要足够的勇气和胆量。西航线航渡时间长，而且得不到德国空军的掩护，易受英国H舰队和本土舰队的全力围捕，很可能会落得与"俾斯麦号"相同的下场。

而东航线也并不保险，尽管有空军掩护，但是狭长的英吉利海峡和多佛尔海峡遍布地雷，英国一侧的海岸炮台、海空军基地比比皆是，强大的本土舰队又卡在北海出口，风险大得难以设想。

但是希特勒只提供了这两种方案，就是风险再大也得择其一而行之。更何况希特勒还送给他们一句鼓励：

我一生中大多数决定都是冒险的，好运只跟冒险者走。

军令如山，将领们敢不执行？

一番推敲之后，雷德尔和西里阿克斯选择了东航线，打算从英国海军的鼻子底下突破海峡封锁——也许是那次从英国人眼皮底下逃走的经历给了他们无比的勇气。德国海军将此次行动的代号定为"三头狗"，意即一个人干

成众人认为根本做不到的事。

"三头狗"成功的关键在于行动的突然性。

德军为了严格保密,制订了欺敌计划。他们首先散布消息说,布勒斯特的舰队要开往大西洋甚至太平洋。德军电台不断拍发假电报,西里阿克斯故意在巴黎预定了大批热带军服和低纬度遮阳眼镜。

德国空军也做了大量的空中支援准备,将整个航线划分为三个区段,第二和第二十六两个航空大队全部投入作战。各区段的机场配备了相应的地勤人员和设施,以保证飞机在着陆后半小时内加油挂弹重新起飞。

1942年的1月底至2月初,3艘舰和战斗机部队进行了8天小规模的配合训练。为扫清航线上的障碍,80艘德国扫雷艇一个月内共扫出98枚锚雷和21枚磁性水雷。

鉴于气象情况的重要性,西里阿克斯还专门派出了气象潜艇收集海峡区的天气、水文和潮汐资料。

最后,"三头狗"计划定于2月11日付诸实施,也就意味着北角海区内将会再次掀起轩然大波。

行驶在海洋里的军舰

姊妹舰受重创
逃回德境

尽管德军的这次行动布置得甚为周密，但英国皇家海军也并不是好惹的。所以德国的"三头狗"行动最终是以姊妹舰受创逃离而宣告结束，德国仍然没有占到便宜。

1942年2月11日，在戒备森严的布勒斯特，淡水、燃油、弹药和食品被悄悄送上军舰。一大批法国卡车奉命开动发动机，在震耳欲聋的马达声中3艘舰开始试舰。

德国海军军官同时还向布勒斯特市社会名流发出12日举行盛大宴会的请束。

黄昏时分，一大群水兵还在大街小巷装成醉鬼，并大声讲着酒话。夜幕降临，西里阿克斯向设在巴黎、基尔、李托奎特、克恩、西弗尔的海军和空军区段司令部发出密码电报："一切准备就绪。"

晚上20时30分，"沙恩霍斯特号"起锚缓缓开出港口，"格奈森瑙号"尾随其后。"欧根亲王号"因多日卧港，锚链起了一半就卡住了，性急的舰长林克曼海军上校下令砍断锚链。由于雾重天又黑，"沙恩霍斯特号"舰出港不久就迷失了方位，也找不到特设的灯标船。

舰长霍夫曼海军上校只好靠耳朵听邻舰的发动机声和海岸回声来进行编队。此时，英国轰炸机又来到布勒斯特进行每天例行的轰炸。德舰队立即返回港口，集中大小炮进行对空射击。

他们还故意打开探照灯，造成3艘舰仍在港内的假象。拖延了两个小时之后，舰队才重新出港。

　　经过一番努力，舰队总算克服了初期的混乱，3艘舰均达到了31节的最高航速。舰队的上空和旁侧，都有德国事先设置的护航队。所有的电台全部保持静默。舰队悄悄航行了一夜，英国人却什么都没发现。

　　2月12日晨8时50分，德舰队绕过了科汤坦半岛的阿格角。顺风顺潮，竟让舰队把拖延了的两个半小时航程追了回来。德国空军通信技术部队成功地组织了对英国沿海雷达站网的大规模干扰，致使英军雷达兵对荧光屏上的大片耀斑感到茫然不知所措。

　　10时14分，舰队驶过塞纳河口，接近多佛尔海峡。一架英国侦察机发现了舰队的行踪，并马上向基地拍了电报。但是那些英国高级指挥官竟一致以为是侦察员看花了眼睛，他们根本就不相信德舰居然会冒险走这条绝路。

　　德国人可是占了大便宜，西里阿克斯本以为好运到头了，谁知在这紧

要关头，英军又给了他们绝好的机会。行到海峡水浅处，德舰队被迫减速行进。

11时25分，舰队进入多佛尔海峡最窄处，此时天又下起了小雨。途经布格涅附近时，又有15艘鱼雷艇编入舰队。德军的电子对抗也达到了最高峰。

但是没过多久，设在多佛角的英军炮台就发现了德舰，海岸炮开始怒吼。英国5艘鱼雷艇在烟幕的掩护下向德舰队首次发起攻击，但很快就被德驱逐舰所击退。被迷惑了17小时之久的英国人终于清醒过来，英国首批6架鱼雷机马上出现在海峡上空。

一时间，空中全是烟团和飞舞的钢铁。不幸的是英机领队皇家空军埃斯蒙德少校指挥的"剑鱼"式鱼雷机还未及投弹便被击落。仅有两架飞机投下鱼雷，但全被德舰躲过。

被德军弄得晕头转向的英军司令部最后只好作出痛苦的选择：

倾尽一切可用的飞机，全力阻截德舰。

于是双方的飞机在空中展开了大战。英军先后共动用各类型轰炸机550架，另有15个战斗机中队为他们提供护航和辅助性攻击。

但由于准备不足，云低雾浓，德军海空军阻击凶猛有效，英军竟然只有39架轰炸机对目标进行了实质性攻击；扔下的4000余吨炸弹无一命中，全部成为废品。

蒙受了如此奇耻大辱，英国皇家海军自然不肯善罢甘休。德舰突围的消息传来时，驻守在哈里奇港的皮兹海军上校正在指挥6艘驱逐舰进行战斗训练。哈里奇距多佛尔海峡北口仅60海里，整个皇家海军水面舰艇部队中，只有皮兹上校来得及攻击德舰。

尽管这一带水域危险重重，但皮兹上校继承了皇家海军的优良传统，毅然决定向"沙思霍斯特号"挑战。

正当西里阿克斯自鸣得意之时，"沙恩霍斯特号"舰底部突然发生强

烈的爆炸声。"沙思霍斯特号"触雷了。顿时，舰身剧烈摇晃，舰内灯光熄灭，无线电也失灵了，海面上拖出一条很长的油迹。

怒气冲冲的西里阿克斯自觉颜面有损，断然拒绝"格奈森瑙号"和"欧根亲王号"提供的援助。

一番周折后，"沙恩霍斯特号"舰已同舰队落下半小时的航程。英机发疯似的攻击这艘伤舰，但均让德机和舰炮击退。"格奈森瑙号"舰和"欧根亲王号"舰边走边用全部炮火回击空中的飞机和海上的皮兹舰队。

英驱逐舰拼命发射鱼雷，但两艘德舰如有神灵护驾，一直安然无恙。日落时，"沙恩霍斯特号"舰修好了主机，以25节的航速追了上来。西里阿克斯眼看胜利在望，禁不住露出得意的微笑。但他高兴得太早了！

晚上19时55分，"格奈森瑙号"触雷，没过多久，"沙恩霍斯特号"再次触雷。经过短暂的抢修，总算又恢复了航行。午夜时分，舰队进入德国水域，西里阿克斯这才长出了一口气。

2月13日黎明，"沙恩霍斯特号"和"格奈森瑙号"开入基尔港的船坞，修补水雷造成的损伤。未受损的"欧根亲王号"则绕道驶往挪威沿海。

"三头狗"行动至此宣告结束。

德舰虽然最终突围出来，但战争中的损失还是相当严重的。回到母港的3艘军舰日子也并不好过。可以说，这次突围并未取得实质性的成果。

英军同仇敌忾
击毁两舰

德舰突围的消息引起英国朝野一片哗然，首相丘吉尔面子上自然也不好过。

伦敦《泰晤士报》作了如下报道：

> 在西班牙无敌舰队西多尼业公爵失败的地方，西里阿克斯却成功了。自16世纪以来，再没有比这更有损于皇家海军尊严的了。

毋庸怀疑，英国海军必定要以牙还牙。

为了挽回面子，英军频繁出动飞机对德舰停泊地进行轰炸。回国后不久，"格奈森瑙号"便在一次空袭中被炸飞了舰首，并在船坞里度过了余生。"沙恩霍斯特号"则在船坞足足躺了9个月。

1943年3月，失掉姊妹舰的"沙恩霍斯特号"只身前往挪威北部的阿尔塔峡湾，与"提尔皮兹号"战列舰和"吕佐夫号"袖珍战列舰会合。

德国海军集中剩余的水面舰只组成一支颇具实力的舰队，妄图重演几个月前消灭盟国PQ—17船队的胜利。

但此时的英军已今非昔比，由于3艘舰逃离布勒斯特，大西洋航线已不再受德国大型水面袭击舰的威胁，英国本土舰队得以集结全部重型舰艇，重点监视挪威北部的德国舰队，并掩护一支支护航运输队往返于苏联。

德国军舰在这种情况下不敢贸然出击，只能在港口峡湾里兜圈子。

直至1943年圣诞节前夕，在希特勒扬言要拆掉所有"无用"的重型水面舰只的压力下，"沙恩霍斯特号"才出发去完成它的最后一次征战任务。

而此时，富有进攻精神的弗雷泽海军上将已接替托维出任英国本土舰队司令。他亲自率领舰队出征，为驶往苏联北部的运输船队护航。

1943年11月15日，弗雷泽乘"约克公爵号"战列舰，率"牙买加号"巡洋舰和4艘驱逐舰随JW—55A船队出航，顺利抵达摩尔曼斯克。

12月23日，弗雷泽启程护送回程的JW—55B驶返英国。此时，从冰岛起航的RA—55A船队，正由贝尔纳特海军中将指挥的"谢菲尔德号""贝尔法斯特号"和"诺福克号"等3艘巡洋舰殿后，驶往摩尔曼斯克。

在接下来的海战中，身负重任的贝依连犯3个错误，致使"沙恩霍斯特号"最终成为这次战役的牺牲品。

12月25日，贝依奉新任海军总司令邓尼兹之命，率"沙恩霍斯特号"和5艘驱逐舰出航北进，企图寻机袭击盟国船队。

26日3时39分，贝依犯下第一个错误，于是厄运便接连而至。他首先打破了无线电的沉默向上级报告了自己的航向和海况。但这个信号却被弗雷泽舰队截获破译。

据此，弗雷泽很快就想出一个围捕德舰的绝好计划。他令贝尔纳特的巡洋舰全速西进，逼德舰回逃，同时自己率队向东挺进，截断德舰撤回挪威的路线。

对此一无所知的贝依还以为是英军失策，当他于早晨7时整到达预定海域而没有发现盟国船队时，接着犯下第二个错误。驱逐舰本该为"沙恩霍斯特号"舰护航的，他却于此时令其向东南方向作扇形侦察，结果是离目标越来越远。

8时20分，"沙恩霍斯特号"舰向东北方向搜索，一步步进入贝尔纳特的防卫区。

8时40分，"贝尔法斯特号"巡洋舰率先发现西南方18海里外的"沙恩霍斯特号"舰，而德军却全然未觉。

　　9时29分，3艘巡洋舰同时向"沙恩霍斯特号"舰射击，两发炮弹命中目标。贝依断定船队还在东北方，便转向正北。这一来，正好中了贝尔纳特的计。

　　他的本意就是要引诱贝依北上，以便为弗雷泽速度较慢的战列舰切断"沙恩霍斯特号"舰的后路争取足够的时间。此时，贝依犯下第三个错误，把他和他的舰队一起送入了北冰洋的洋底。

　　12时05分，"沙恩霍斯特号"与贝尔纳特的巡洋舰再次相遇，接着双方开始炮击。但贝依无心恋战，他自知"沙恩霍斯特号"舰没有驱逐舰保护的后果，于是下令掉头向东南撤退。

　　本来，"沙恩霍斯特号"舰的炮火威力远胜于英军3艘巡洋舰，是很有希望取胜的。但由于贝依的连续犯错，最后还企图返回挪威港口，走了英国战

执行轰炸任务的飞机

列舰出没可能最多的一条航线。于是，"沙恩霍斯特号"便在这条航路上成为贝依的殉葬品。

16时07分，"约克公爵号"发现了22海里外的"沙恩霍斯特号"舰。

16时50分，"约克公爵号"10门356毫米的主炮开始向14海里外的目标齐射。"沙恩霍斯特号"很快就被英军舰团团围住，前无进路，后无退路。

贝依无计可施，只得试图从中间借自己的速度优势夺路而逃。但是此刻的"沙恩霍斯特号"舰已身受重创，进水严重，速度越来越慢。舰上的炮塔也被击毁，无力还击。贝依临终还向希特勒发电：

战至最后一发炮弹。

以示其必死之心。

18时40分，伤痕累累、步履蹒跚的"沙恩霍斯特号"被英国驱逐舰追上，又被"牙买加号"巡洋舰的一排鱼雷打中，即刻瘫痪。

19时45分，在英舰的轮番攻击下，"沙恩霍斯特号"终于走完自己的生命历程，翻沉在冰冷的北冰洋中，全舰1839人只有36人幸免于难。

一场斗智斗勇的海上大战，给了德国一个下马威，却让英国舰队司令弗雷泽声名鹊起，获得了"北角勋爵"的爵位。

1943年年底的"北角大海战"随着德军引以为自豪的"沙恩霍斯特号"的沉没而宣告结束。至此，德国花尽气力建造的两艘巨舰全部成为海底龙宫的战利品，到另一个世界去耀武扬威了。曾在北极地区嚣张一时的德国海军舰队只剩下正在养伤的"提尔比兹号"战列舰。

海上鏖战

第 二 次 世 界 大 战 著 名 海 战

瓜岛海空战

    瓜达尔卡纳尔岛战役是太平洋战争中的一场重要战役。围绕着瓜岛的争夺，日美双方在半年的时间里进行过大小海战30余次，其中较大规模的海战就有6次。在这些战斗中，双方损失的驱逐舰以上的舰只各24艘。美国海军沉没航空母舰2艘、巡洋驱逐舰22艘，伤亡约5800人；日本海军沉没航空母舰1艘、战列巡洋舰7艘、驱逐舰11艘和潜艇6艘，伤亡2.5万人。

尼米兹制订
"望台"作战计划

　　日本在中途岛失手后，一心想南下切断美澳交通线的大本营和陆军旧曲重弹，欲一举破除美国从澳大利亚经新几内亚威逼荷属东印度的希望。

　　无独有偶，美国人在中途岛战役之前就准备沿澳大利亚以东的所罗门群岛北上，发动攻势防御。

　　所谓攻势防御，旨在战略上采取守势，而在战术上采取攻势，夺取日军尚未站稳脚的要地，让日本人无法以战养战，逐渐耗尽自己的体能。

　　中途岛海战之后，尼米兹和麦克阿瑟两位将军虽然都主张尽早对所罗门群岛、新几内亚发动反攻，但对如何实施反攻却持有不同的意见。他们都提出了各自的理由，力图证明这一地区的整个作战应由自己指挥。

　　麦克阿瑟认为，日军正在日益加强所罗门群岛北部重镇拉包尔基地的兵力，盟军反攻的时间越晚，就越难攻占这个要地。而盟军一旦夺回拉包尔，就能完全消除日军对澳大利亚和美澳海上交通线的威胁，并使侵入所罗门群岛和新几内亚东部的日军陷入孤立无援的绝望境地，从而为进兵菲律宾打开一条通道。

　　麦克阿瑟说：

　　　如果把包括航空母舰和海军陆战队第一师的兵力全部交给我指挥，我就来个连续作战，一举夺回拉包尔。

　　对于麦克阿瑟陆军上将的大胆设想，尼米兹为首的美太平洋海军表示坚

决反对。

尼米兹的作战计划是，在航空母舰的支援下，海军陆战队第一师首先在所罗门群岛东南部登陆，然后在该地修建机场，以便夺取其他岛屿。

接着，再在新占的岛屿上修建机场，把轰炸机的作战范围向前扩展，使其更加接近主要目标。

这样经过几次战役，就可将拉包尔置于航空兵的猛烈袭击之下，而且每一战役的登陆阶段均能得到飞机的支援。

尼米兹认为，这种逐步进逼的战法既容易获胜，又可以避免遭到严重损失。

不用说，海军陆战队第一师、输送陆军部队在敌岸登陆的运输船，以及登陆作战所需要的航空兵力和舰炮火力支援部队，都由美海军太平洋舰队司令兼太平洋战区司令尼米兹海军上将统辖，可是要实施作战的所罗门群岛却位于麦克阿瑟陆军上将管辖的西南太平洋战区。

两个战区的最高指挥官僵持不下，分歧只能由华盛顿解决了。连续召开多次参谋长联席会议之后，马歇尔陆军上将和金海军上将取得了一致意见，实际上采纳了海军的建议。

为了便于指挥，参谋长联席会议把西南太平洋战区和太平洋战区的分界线改在东经159度，即瓜达尔卡纳尔岛的西面。

尼米兹担任战役第一阶段的战略指挥，夺取圣克鲁斯岛、图拉吉岛等南所罗门群岛要地。在图拉吉地区站稳脚跟，战役进入第二阶段，由麦克阿瑟担任战略指挥，陆军向新几内亚东部挺进的同时，南太平洋海军部队转归西南太平洋战区领导，沿所罗门群岛北上，完成对拉包尔日军的钳形攻势。

1942年7月的第一周，尼米兹大体完成了战役第一阶段——"望台"作战的基本计划。海军中将戈姆利代表尼米兹，在南太平洋地区担任战略指挥，珊瑚海和中途岛两次海战中威名远扬的弗莱彻海军中将担任登陆掩护支援舰队的战术指挥，特纳海军少将负责指挥两栖作战部队，范德格里夫特陆战队少将是执行登陆上岸任务的海军陆战队第一师师长。

正当几位将军忙于集结部队，制订详细的作战计划，进行两栖作战复杂的训练和战前演练时，他们收到了美军巡逻机的报告，得知日军正在瓜达尔卡纳尔岛修建飞机跑道，这一消息令他们感到十分震惊。

如若日军轰炸机和鱼雷机进驻该机场，无疑将是对弗莱彻特混舰队和特纳两栖登陆编队的严重威胁。

显然，美军必须把瓜岛登陆纳入夺取图拉吉岛和圣克鲁斯群岛的作战计划之中，抢在日军修完机场前夺取该地。

因此，虽然作战规模比原来扩大了，但是海军作战部长金和太平洋舰队司令尼米兹只批准戈姆利增加一周的准备时间，即8月7日为预定登陆日。日美双方谁在作战中首先使用瓜岛机场，谁就能赢得胜利。

瓜达尔卡纳尔岛，这个有着奇怪西班牙文名字的小岛，位于死火山山脉形成的所罗门群岛的南部。该岛的南海岸虽有一条很窄的平川，但紧挨着的就是山地。

➡ 美国战舰

在该岛的北部有一片可供修建机场的平地，登陆的日军已在此地开工。这块平地几乎全被热带森林覆盖，到处都是椰子林和茂盛的野草，一下雨，交通便被无数的河川沟壑阻断。

这片平川就是盟军所要夺取的主要目标。盟军拟攻占的第二个目标是此地以北约20海里的图拉吉岛，日军在岛上有一个水上飞机基地。

日海军夜袭
盟军太平洋舰队

"望台"作战的盟军参战部队约80艘舰船，分别从相隔很远的惠灵顿、悉尼、努美阿、圣迭戈和珍珠港等地出发，于1942年7月26日在斐济群岛以南海域集结。

弗莱彻海军中将在旗舰"萨拉托加号"航空母舰上召开了作战会议。已将司令部移至努美阿的戈姆利将军未能出席会议。

舰队在斐济举行了不太理想的登陆演习后，向西进发，在珊瑚海转而北上，冒雨向瓜达尔卡纳尔岛驶去。天气恶劣，使日军包括侦察机在内的所有飞机都不能起飞。

1942年8月7日凌晨，以"萨拉托加号""企业号"和"黄蜂号"航空母舰为首的航母特混部队驶抵瓜岛以南的指定海域，特纳指挥的两栖作战编队则悄悄地沿着瓜岛西海岸北上，驶到面积很小的萨沃岛附近时，兵分两路，进入了后来被称为"铁底湾"的水域，一路直扑瓜岛，另一路指向图拉吉岛及另两个小岛。

5时30分，从航空母舰上起飞的"无畏"式俯冲轰炸机开始轰炸两岛。

6时15分，两栖编队的舰炮开火。瓜岛上的2000名日军工兵还在睡梦之中，毫无防备，唯有小股部队隐蔽起来进行狙击，或用机枪扫射，大多数日军见美军杀来，纷纷拔腿逃入丛林。

8日，为纪念在中途岛上空战死的陆战队飞行英雄洛夫坦·亨德森中校，海军陆战队第一师将得手的瓜岛机场命名为"亨德森"机场。

日军上下全然没有察觉美军进攻，直至图拉吉来电，称"敌重兵压境，

我军誓死坚守，祈愿武运长久"，才知两岛已失。日本人很快从震惊中清醒过来，组织反击。

8月7日黄昏，第八舰队司令三川军一海军中将亲率5艘重巡洋舰、两艘轻巡洋舰和一艘驱逐舰从拉包尔起航，准备在大白天冒险通过新佐治亚群岛和圣伊萨贝尔岛之间的海峡，8日晚驶入"铁底湾"，袭击盟军运输舰船。

从开战前几年开始，日本海军就常常利用恶劣天气和夜暗条件苦练杀敌本领，准备同优势的美国海军作战。日本舰队的训练多是在波涛汹涌的北太平洋进行，夜以继日的反复训练，使不少水兵丢了性命。

为了夜战的需要，日本研制出高质量的望远镜、可靠性较大的照明弹和破坏力最大的氧气鱼雷。这种鱼雷直径610毫米，雷头装药量454公斤，航速可达49节。

三川军一是一员足智多谋、勇于冒险的猛将，正因为如此，山本才同意他白天冒着遭空袭的危险，去突袭盟军。

在三川巡洋舰舰队起程前，拉包尔基地的日军轰炸机和战斗机就飞临了"铁底湾"上空。弗莱彻的航空母舰以战斗机组成强有力的空中警戒网，将大部分日机击落，其余日机逃走。

8日晨，日军鱼雷机向美军袭来，特纳将军便把运输船和警戒舰只编成航行序列，当日机攻击时，全体舰船以最大航速进行规避。50多艘舰船的对空炮火，加上担任空中掩护的战斗机，构成了一张从高空到低空的火网，几乎把日军的鱼雷机群全部击落。

盟军的登陆编队虽然遭到日飞机的袭击，但所受的损失比预料的小。

至8月8日傍晚，运输船的卸载尚不到25％，特纳估计在"铁底湾"的运输船至少还得再停留两天。

可是，就在这时，他收到了两封令他的船队处境险恶的电报。一封电报是弗莱彻以战斗机受到损失和燃料需补给为理由，准备将航空母舰撤出瓜岛海域。

显然，弗莱彻对日军鱼雷机和轰炸机的攻舰能力心有余悸，不久前他刚

丢了"列克星敦号"和"约克城号"两艘大型航空母舰,所以此次他唯恐再受损失,不愿继续留在这个危险区冒风险,一心想找借口尽快离开。

另一封电报是,一架澳大利亚巡逻机发现日舰队正向"槽海"驶来。特纳认为,两栖作战部队既得不到航空母舰的支援,又有受到空袭的危险,因此只好中止卸载作业,准备第二天撤离。

8日晚20时30分,他请范德格里夫特师长和警戒部队指挥官。英国海军少将克拉奇利来旗舰开会,以便传达上述决定,并征求他们的意见。

特纳在会议上宣布:"由于航空母舰的撤走,两栖作战兵力将处于日机空袭之下,因此,海军陆战队要在今天夜里把必要的补给品运到岸上,使运输船明早返航。"

范德格里夫特陆战队少将一听,就忍不住大声发起牢骚:"瓜岛作战物资补给远远不够,现在又要把未卸完物资的运输船全部撤走,我们像地地道道的傻瓜一样被别人抛弃了!"

航空母舰

克拉奇利问特纳："您对澳大利亚飞行员的报告有何看法？"

特纳颇为自信地断定："日军这支舰队将在所罗门群岛中部的某地停泊，企图在那里建立一个水上机场，以派出携带鱼雷的水上飞机袭击我们的运输船队。因此为了先发制人，我已令岸基飞机明天早晨轰炸他们。"

然而，此时的三川舰队并没有如特纳想象的那样夜泊下来，他们正劈开惊涛骇浪，在茫茫黑夜中通过"槽海"，航向直指瓜岛。

克拉奇利海军少将因急于乘着"澳大利亚号"巡洋舰去参加特纳召开的紧急会议，因而既未制订对付日军海上夜袭的作战方案，也没有指定代理人指挥所属的警戒船只，致使这些盟军巡洋舰和驱逐舰处于战备等级较低的状态，配置分散，相距甚远，难以及时相互支援。

几艘驱逐舰和扫雷艇等轻型舰艇负责保护停在瓜岛登陆水域和图拉吉岛登陆水域的运输船队。

一个巡洋舰、驱逐舰编队组成北区巡逻队，设在萨沃岛和佛罗里达岛之间的海面上；另一个巡洋舰、驱逐舰编队组成南区巡逻队，设于萨沃岛和瓜岛之间的水道上；第三个编队负责封锁东面的"铁底湾"水道。

此外，另有两艘驱逐舰"布卢号"和"塔尔波特号"监视着萨沃岛西北方向的海面。当日军从两艘巡洋舰上派出水上飞机，先于舰队飞至"铁底湾"上空侦察敌情时，"塔尔波特号"发现了这一异常情况，并试图向特纳报告，但不巧电讯受雷电干扰，仅仅相隔20海里的旗舰竟未能收到。

　　由于未发出空袭警报，其他发现飞机的盟军舰只丝毫没有引起警惕，误以为是友机在巡视。浓浓的雨云弥漫在墨一般漆黑的海面上，远方的闪电霍霍地发亮。

　　午夜1时稍过，日舰上的一个瞭望哨在黑暗中隐隐约约地看见了担任警戒的"布卢号"驱逐舰，于是全体立即准备投入战斗，各炮位均做好了射击瞄准。

　　可是"布卢号"似乎什么也没有发现，仍旧按西南航向行进，"真是活见鬼了。"三川觉得好生奇怪，怀疑其中有诈，遂遣一艘驱逐舰暗自跟踪，并命令："如果敌舰向我军接近，就把它击沉。"

　　三川则率舰队继续航进，神不知鬼不觉地直插盟军南区巡逻队警戒的萨沃岛—瓜岛水道。

　　9日凌晨1时33分，三川下达了总攻击令，日机凌空投下了照明弹，把周围照得通亮。

　　直至这时，美国驱逐舰"帕特森号"才用报话机发出警报："注意！注意！发现可疑舰只侵入港内！"可是为时已迟，南区巡逻队的盟军舰只还未来得及开炮，惊慌失措的鱼雷兵还未做好鱼雷射击准备，一枚接一枚的日军鱼雷已开始飞蹿。

　　美重巡洋舰"芝加哥号"和澳重巡洋舰"堪培拉号"的威武舰身在强光的映照下格外雄壮，三川的旗舰"鸟海号"重巡洋舰及另两艘日重巡洋舰迅速用主炮轰击，弹雨中有24发炮弹打在"堪培拉号"船舷上。

　　几分钟前发射的鱼雷此刻也飞身杀到，该舰右舷被两雷击中，霎时主机停转，浓烟滚滚，焚烧的甲板上布满了尸体。一些已受伤的水兵仍拼命地把被烈焰烤得灼手的炸弹抛到水里，以防引起连锁爆炸，但这是徒劳的，"堪培拉号"开始倾侧。

　　"芝加哥号"作高速机动转向，力图躲过鱼雷航迹，但终未能逃脱厄运。

　　1时47分，重巡洋舰舰首被命中，爆炸掀起的水柱涌入前舰身，不一会儿

便成了一堆漂浮在海面上的废铁。

最先发现日舰队的"帕特森号"驱逐舰舰员在随即爆发的炮战中，慌乱得竟听不到舰长"发射鱼雷"的命令，舰炮也被炸成了哑巴。当"巴格雷号"重巡洋舰从措手不及中缓过劲来，旋转了半天才瞄准敌舰时，日舰队已快速向东北方向驶去，再快的鱼雷也望尘莫及了。

三川未损半根羽翼，却将盟军南区巡逻队打得溃不成军。

1时50分，三川下令舰队兵分两路，3艘重巡洋舰向北区巡逻队的前方急进，4艘巡洋舰从后方迂回。"鸟海号"强烈的探照灯光捕捉住美"阿斯托里亚号"重巡洋舰，炮弹劈头袭来。"阿斯托里亚号"一些炮塔开始自发地组织还击。

被爆炸声从梦中惊醒的舰长格瑞曼海军上校冲到舰桥，厉声喝问："是谁下的战斗命令？这是在打自己的船！"

没收到任何敌情通报的舰长下令停止射击，然而"鸟海号"的齐射炮弹很快就使其上层建筑淹没在一片火海中。

"文森斯号"重巡洋舰舰长里科尔海军上校刚开始还对探照灯光大为恼火，认为这肯定是南区同行们干的，气愤地命令："用无线电告诉他们，马上把探照灯关掉！"

话音未落，日舰的炮火席卷而来，弹射器上的飞机立即起火，耀眼的火光把舰体完全暴露了。

"文森斯号"转身欲走，数枚鱼雷呈扇面扑来，结果4枚鱼雷命中。日舰"青叶号"从后面接近"昆西号"重巡洋舰，突然打开探照灯，齐射随之而来。穆尔舰长下令朝亮着探照灯的日舰开火，两发炮弹一举击中日旗舰"鸟海号"，其中一发准确地炸穿了三川的司令部海图室，34名参谋军官当场被击毙。

可是，"昆西号"两次齐射之后，穆尔海军上校仍怀疑这是在自相残杀，下令打开识别灯。

但没过多久，无情的日舰组织起更为凶猛的交叉火力，"昆西号"顿成

黑暗中一支巨大的火把，舰体缓缓下沉。

　　盟军北区巡逻队几乎全军覆没，日舰无一重伤。此时，三川若转身杀向瓜岛登陆水域，那么扫荡盟军运输船，犹如囊中取物，无人可挡。

　　然而，三川并不知道弗莱彻的航空母舰特混舰队已越离越远，还担心天明后弗莱彻的舰载机来袭，他想起临行前军令部总长永野修身的嘱咐："日本海军与美国海军不同。如果损失一艘舰，需要许多年才能补上。"于是，三川下令舰队全速返航，结束了太平洋海战中这场罕见的夜袭战。

　　这一仗使美国海军蒙受了不亚于珍珠港的奇耻大辱，重巡洋舰4艘沉没，一艘重伤；驱逐舰两艘重伤；1000余名舰员牺牲，成为"铁底湾"海底墓场的第一批殉难者。这清楚地证明，日本海军善于夜战的自信是有根据的。

　　萨沃岛炮声隆隆的夜战刚一停息下来，美国水兵和陆战队队员就继续卸载。8月9日傍晚，当特纳所属两栖作战部队的最后一艘运输船撤离"铁底湾"时，带走了一半以上未来得及卸下的补给物资。

　　这样，在瓜岛和图拉吉岛登陆的16000名海军陆战队第一师官兵，每日只有两餐，赖以充饥的食品是随身携带的B型和C型口粮，辅之以缴获的大米。

美日舰队
所罗门群岛东海大战

为加强新几内亚东部的作战和夺回瓜岛机场，日军不断向南太平洋地区集结兵力。

至1942年8月中旬，倾巢而出的日海军联合舰队的所有舰艇，在驶离本土基地后，均集中到了特鲁克基地。17000名地面部队有的已经到达，有的还在南下途中。

日军指挥部主观臆断地认为，美军在南所罗门群岛登陆的兵力不超过2000人。因此，竟从派来增援的兵力中，抽出11000人，火速加强新几内亚岛东部的作战，只把6000人的部队投入夺回瓜岛的战斗，而且这6000人也不是同时出击。

第一次登陆兵力为2100名，由田中赖三海军少将指挥。由于南太平洋的日本运输船大部分用来加强莫尔兹比的作战，因而就连这第一次组织的登陆运输队也要分成两批实施。

第一批由6艘驱逐舰组成，8月16日拂晓从特鲁克出发，以22节航速驶往瓜岛，两天后的深夜，一木上校率领的900余名日军在亨德森机场以西登陆。

第二批约1300名登陆兵分乘3艘航速仅为8.5节的低速运输船，也随后从特鲁克出发，为运输船担任直接护航的是田中海军少将的旗舰"神通号"轻巡洋舰和4艘巡逻艇。

田中海军少将同几艘低速运输船一起航渡的途中，先后收到3份敌情报告，使他和联合舰队司令部完全改变了原来的作战方案。

第一份敌情报告获悉，8月20日，弗莱彻的航空母舰特混舰队在瓜岛的东

南海域活动；从第二份敌情报告中得知，美军飞机已开始使用亨德森机场；第三份敌情报告更令他们受到莫大的打击，一木的登陆支队8月21日凌晨，在特纳鲁河的战斗中全军覆没。

基于这个形势，坐镇拉包尔的山本司令长官立即命令近藤信竹海军中将率领航空母舰机动部队出发，前往增援田中的登陆编队，并伺机袭击弗莱彻的特混舰队。山本的这个临时决定，导致了瓜岛战役中的第二次海战，即所罗门群岛以东海战。

8月23日早晨，弗莱彻海军中将指挥的美第61特混舰队整装齐员，游弋于距亨德森机场150海里的洋面。这支实力强大的航母编队由3股海上航空作战

美军士兵

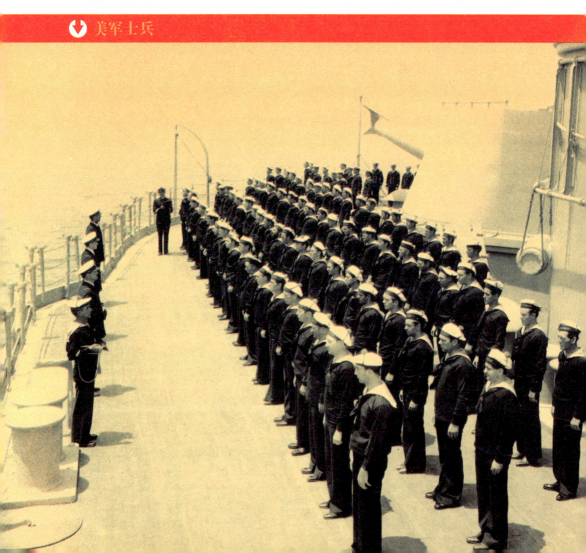

兵力组成：

一是弗莱彻直接指挥的以"萨拉托加号"航空母舰为首、两艘巡洋舰和5艘驱逐舰护航的第11特混大队；二是由金凯德海军少将指挥的以"企业号"航空母舰为首、两艘巡洋舰和6艘驱逐舰护舰的第16特混大队；三是诺伊斯海军少将指挥的以"黄蜂号"航空母舰为主的第18特混舰队。

当侦察机发现田中的日军登陆编队时，弗莱彻马上行动起来，决心痛歼这股弱敌。

31架俯冲轰炸机和6架鱼雷机呼啸着飞往目标区域，一个半小时后，亨德森机场也飞出23架轰炸机赶去助战。可是，当美空袭机群飞抵时，令飞行员们大为扫兴的是，只见海面茫茫一片，日舰船队早已无影无踪，搜索一阵后仍一无所获，只得在黄昏时刻悻悻而返。

原来，狡猾的田中见自己被美侦察机发现，顿感事态不妙，为确保船队安全，即令船队全速转向，规避到美军攻击机的作战半径之外。这时，跟在田中后面行进的近藤航母编队也随之转向，以暂避美机的锋芒。

由于几批美机都没有发现日舰队，因此美太平洋舰队情报部门认为：日军的航空母舰必定还远在特鲁克一带。弗莱彻也断言："在最近的几天内不会发生大的战斗。"

于是，弗莱彻便放心地让"黄蜂号"航空母舰特混大队返回南方补充燃料去了。

1942年8月24日拂晓，日舰队从黑云密布的海域驶出，向南航行。9时，田中的登陆编队位于瓜岛以北250海里处。近藤率领的"翔鹤号"和"瑞鹤号"航空母舰为掩护田中编队的翼侧，在其东面40海里航进。在近藤部队的前方是以轻型航空母舰"龙骧号"为首的第三编队，"龙骧号"的任务是以舰载机压制亨德森机场。

9时5分，一架美军水上飞机发现了日军轻型航空母舰，并立即发回报告："第61特混舰队西北280海里，发现敌航空母舰一艘、巡洋舰一艘、驱逐舰两艘。"

弗莱彻闻讯后非常吃惊，因为要同兵力不明的日舰队发生海战，他眼下所能使用的航空兵力只有两艘航空母舰。弗莱彻决定展开先发制人的攻击，命令30架俯冲轰炸机和8架鱼雷机去袭击被发现的日军航母，同时为使自己的舰队免遭日机的攻击，让"企业号"和"萨拉托加号"上的53架"野猫"式战斗机全部担任空中掩护。

15时左右，美机群开始围剿飞行甲板上已空无一机的"龙骧号"，俯冲轰炸机抓住了有利的攻击时机，从高空飞扑下来，刹那间就有4枚炸弹在日舰上炸开了花。

与此同时，美鱼雷机队转入协同攻击，从目标前方两面夹击，在60米高度、800米距离果断投雷，"龙骧号"被命中后立刻笼罩于大火与浓烟之中，转眼的工夫，轻型航母已不可救药，难逃覆亡的命运。

就在弗莱彻令攻击机群出发后不久，美侦察机又发来了一连串不祥的情报："在日轻型航空母舰东北60海里，又有一艘日军大型航空母舰"，"发现两艘敌大型航空母舰，方位340度，距离230海里，时间14时30分"，"14时40分，发现日军4艘巡洋舰和多艘驱逐舰，方位347度，距离225海里"。

弗莱彻欲令那批已前往攻击"龙骧号"的美机中途转向，去攻击新发现的日军两艘大型航空母舰，但苦于通讯联络极不通畅，只好组织现有兵力应战。

他让"企业号"特混大队司令金凯德负责指挥战斗机阻截敌机，并下令"萨拉托加号"特混大队与"企业号"分离，两舰群相隔10海里，以分散日机的突击力量。

16时刚过，"企业号"上的雷达发现日机群正从北面接近，弗莱彻急忙让两艘航母上所有的轰炸机和鱼雷机起飞，对日本航空母舰实施反攻击。

53架"野猫"式战斗机在距离"企业号"25海里的浓云密雾中摆开了阵

势，与日机展开了残酷的空中格斗。美机勇敢的冲击打乱了日机群队形，日机在进入轰炸航线前，就被击落了6架。

不久，30架日本俯冲轰炸机在混战中突破拦截网，直取"企业号"航空母舰，"企业号"奋力抗击，防空炮弹在空中纷纷开花，染红了雪白的云朵。

"北卡罗来纳号"战列舰射出的炮弹在空中"砰砰"炸响，纷飞的弹片在航空母舰上空构成了一道钢铁屏幕，一架架日机如扑火飞蛾般地拖着浓烟坠入大海。

但是，终有数架俯冲轰炸机接连突破火网，呼啸着俯冲到500米的高度投下了重磅炸弹。

一个美海军军官竟激动地用他的小手枪朝着直冲下来的日机射击，直至把子弹全部打光。"企业号"舰长戴维斯海军上校拼命用大舷角急转弯，但日机不顾死活的冲锋还是起了作用，3枚炸弹直接命中飞行甲板。

第一枚炸弹发出刺耳的尖叫，斜向落入甲板，这大概是一种定时的穿甲弹，当其穿过航母第一二层甲板时并未起爆，而在更下面的第三层轰然发出可怕的巨响，数十名水兵当场阵亡，并引起大火；第二枚炸弹命中"企业号"舰尾升降机右侧10米处，两台升降机报废；第三枚炸弹落在舰舷，炸坏水密隔舱，海水无情地涌入破口。

日机对"企业号"的攻击持续了6分钟后，残存的日机开始向北回撤，美战斗机全力追击。

一小时后，经过损管队的出色抢修，受伤的"企业号"消除了轻微的倾斜，一边以24节航速向南撤退，一边回收尚未着舰的舰载机。

激战中，日机没有发现远处的"萨拉托加号"航空母舰，使其避过了这场劫难。同样，弗莱彻的第二批空袭机群也没有找到近藤编队的"翔鹤号"和"瑞鹤号"航空母舰，只在返航时意外地发现了一个单独行动的日军舰群，并将其中的日军水上飞机供应母舰"千岁号"击伤。

近藤损失了一艘轻型航空母舰和90多架舰载机后，8月24日午夜开始向特

鲁克基地撤退，而田中率领的登陆运输队则在驱逐舰的护送下，利用夜暗继续向南方的瓜岛驶去。

25日天亮时，亨德森机场的8架"无畏"式俯冲轰炸机集中攻击并重创了"神通号"轻巡洋舰，"睦月号"驱逐舰见状急忙靠近，去救援他们的司令官。

这时，由圣埃斯皮里图岛起飞的B—17陆军轰炸机嗡嗡地飞来了，"睦月号"舰长烟野海军中校对这种高空水平轰炸机满不在乎。在他的印象中，这种飞机对海面目标的击中率几乎为零。不料恰恰有3枚炸弹准确地落在了他的舰上，当水兵们把落汤鸡似的烟野舰长从海里打捞上来时，他看着沉没的军舰愤愤不平地说："混蛋！连B—17也有机会逞能了！"

在拉包尔的山本见瓜岛登陆运输队处境险恶，只好命令田中返航。日军此次夺回瓜岛的作战计划就这样夭折了。

所罗门群岛以东的海战落幕了，日美两国海军基本打了个平手。但是，海战的结局粉碎了日军迅速夺回瓜岛机场的企图，使血腥的瓜岛之战陷入了旷日持久的局面。

美海军陆战队
反击 "东京快车"

田中的登陆运输队在所罗门群岛以东海战中尝到了苦头，此后，日本海军在向瓜岛接近、给坚守岛上阵地的部队提供增援补给时，行动更加慎重。

天黑前，日军驱逐舰和运输船总是在"槽海"北部徘徊，入夜后，才进入"铁底湾"，待人员上陆和物资卸载完毕，日舰常对亨德森机场进行炮击，尔后再经"槽海"北上，于天亮前跑出美轰炸机的作战半径之外。

盟军的驱逐舰曾在夜里被擅长夜战的日军驱逐舰击沉多艘，迫使盟军舰船也变得小心起来，天色一黑即撤离"铁底湾"。日军的这种行动很有规律，被美海军陆战队称为"东京快车"。这一时期瓜岛附近的制海权，白天掌握在美军手中，夜间则转入日军手中。

双方水面舰艇在"铁底湾"发生的几次小规模海战，不外乎两种情况：一是盟军舰只昼间在"铁底湾"活动时间过长，日落后与日舰相遇而引起交战；二是盟军舰只夜间冒险进入这一水域而同日舰发生遭遇战。

至1942年9月10日，日军在瓜岛上的部队已有6000名，分别部署在美军阵地的东、西两侧。为了夺回亨德森机场，日本陆军准备发起第二次反攻，于是近藤率领联合舰队的部分兵力再次从特鲁克出发，去支援陆军在岛上的反攻。

然而，日本陆军指挥官对美军的兵力估计过低，12日夜，其主力部队在亨德森机场稍南的地方，沿着一个后来被称为"血染的山岭"的山岗发起突击时，遭到了美海军陆战队的迎头痛击。

美军在105毫米榴弹炮的有力支援下，用迫击炮和机枪打退了日军一次又

一次的冲锋。

至14日凌晨，没有炮兵的日军伤亡惨重，虽曾接近机场，但终被击溃。天亮后，从亨德森机场起飞的美军飞机又对丛林中的顽敌进行了猛烈扫射。结果，日军的第二次反攻在扔下1500具尸体后，以失败而告终，近藤舰队一无所获地返回了特鲁克。

"血染的山岭"一战，使日军在惊魂稍定后觉察到，美军在瓜岛已布有重兵，只有采取更加有力的措施才能夺回，否则瓜岛将永远陷于敌手。

9月18日，日军大本营决定新几内亚的作战行动为瓜岛之战让路，命令进攻莫尔兹比港的部队停止前进，再次翻越大山撤回布纳，以期在夺回瓜岛之前先暂时固守新几内亚东部。

根据这一新的战略部署，日本海军增加了"东京快车"的运行次数。日本陆军的一个精锐师，大量的重炮、坦克及弹药云集肖特兰岛，陆续运往瓜岛。

在这一时期，弗莱彻强大的航空母舰特混舰队遭到了日军潜艇前所未有的打击。

8月31日，"萨拉托加号"被日本潜艇发射的鱼雷击伤，伤势之重使其在尔后的3个月内无法重返战场。两周后，航空母舰"黄蜂号"、新式战列舰"北卡罗来纳号"在15分钟内相继遭到鱼雷攻击。两枚鱼雷命中"黄蜂号"，使其供油系统起火，舰上的消防水泵也被炸坏，因而不能有效地进行消防作业。

舰长谢尔曼海军上校虽竭力控制火势，但没有效果。最后，谢尔曼下令弃舰，驱逐舰用鱼雷将"黄蜂号"击沉。

不幸的事件接连发生，加之"企业号"

又刚刚在所罗门群岛以东海战中受伤，这样盟军在整个太平洋海域能够进行作战任务的航空母舰只剩下了"大黄蜂号"，完好无损的战列舰只有"华盛顿号"。

因此，当运输船队载着陆军部队去增援范德格里夫特的海军陆战队第一师，以对抗日军增援瓜岛的部队时，只能靠"大黄蜂号"一艘航空母舰为其担任空中掩护。

进入1942年10月份以后，给瓜岛日军输血的"东方快车"几乎每夜不断，而且日本海军自恃盟军舰队不是其夜战的对手，更加肆无忌惮地用舰炮轰击亨德森机场。

为教训一下狂妄的日本人，美国海军决心在1942年10月11日深夜打一场水面舰艇夜袭战。

根据侦察机的报告，美海军少将斯科特受命出征，率"旧金山号"、

准备迎战的军舰 ▼

"盐湖城号"两艘重巡洋舰，"海伦娜号""博伊斯号"两艘轻巡洋舰和5艘驱逐舰直驶瓜岛西北端的埃斯佩兰斯角附近海域，欲抢在"东京快车"通过之前布阵以待。

此时，日军定岛海军少将率领的登陆运输队和后藤海军少将率领的舰炮支援群正从瓜岛北面和西北面海域渐渐驰来，后藤的3艘重巡洋舰和两艘驱逐舰除负责掩护定岛外，还要在当夜炮击亨德森机场。

夜越来越深，后藤的巡洋舰编队在雾气迷蒙的黑夜里像幽灵一样悄然航进，能见度太低，就连日本水兵练就的猫一般的眼睛也没有发觉前方几海里处的美国军舰。

23时25分，"海伦娜号"轻巡洋舰上的新式雷达首先发现目标，斯科特大胆地命令鱼贯而行的舰队立即转向。按理说，在敌人近在咫尺的情况下，进行这种转向运动是非常危险的，因为这样做既妨碍舰炮发挥火力，又给敌舰提供了一个相对固定的瞄准点。

然而这回美国人交上了好运，斯科特安然完成了这一战术机动，而后藤却毫无觉察，继续向已占据"丫"字横头阵位的美巡洋舰靠近，舰炮战斗中无疑美军将掌握主动权。

23时46分，火光划破夜空，重炮震撼海面，位于日舰队最前面的旗舰"青叶号"重巡洋舰突然被照明弹照得雪亮，首先遭到美巡洋舰的集中炮击。几秒钟后，一发炮弹击中"青叶号"，舰上顿时腾起一团火球。

在惊恐和混乱中，后藤以为射击他的是定岛指挥下的登陆运输队，因而下令各舰由向后相继转向，脱离接触。岂料命令刚一下达，一枚重磅炮弹便在他所站的舰桥爆炸，弹片横飞，烈焰升腾，后藤被弹片击中后，破口大骂，临死前还认为自己是被友舰误击。

日重巡洋舰"古鹰号"也燃起了大火，唯有"衣笠号"重巡洋舰和"初雪号"驱逐舰自作主张地从左向后转向，反而逃过了美舰雨点般的齐射。美驱逐舰"邓肯号"紧紧咬住受伤后退的"古鹰号"，并迅速发射了鱼雷。0点40分，这艘8700吨级的日重巡洋舰被海水吞噬，从此长眠于"铁底湾"。

"邓肯号"由于对日舰穷追不舍,跑到了己方巡洋舰与日舰之间,不幸招致双方舰炮的猛烈夹击,最终命丧大海。

随后,斯科特下令追击残敌,他乘坐的旗舰"旧金山号"一马当先。突然发现在其右舷的黑暗里有一艘敌我不明的舰只在航行,为防再误伤友舰,"旧金山号"忙打开探照灯辨认,才认出这是一艘已被打得奄奄一息的日军驱逐舰,仅两分钟,这艘日驱逐舰"初雪号"便化作了碎片。

美轻巡洋舰"博伊斯号"也在右后方发现了目标,但它却很不走运,打开探照灯后反而将自己暴露给了日军两艘尚有战斗力的重巡洋舰,若不是"盐湖城号"奋勇救援,及时用炮火将敌压制住,"博伊斯号"就要呜呼哀哉。

这时,日舰队已连损两舰,且司令官后藤也被炸死,受伤幸存的两艘重巡洋舰和一艘驱逐舰见大势已去,只得后撤保命,已根本顾不上炮轰亨德森机场的原定计划。而定岛的登陆运输队却趁夜战的混乱靠泊瓜岛,卸下了增援部队和补给物资。

12日天明后,盟军飞机从亨德森机场起飞,轰炸了堆积在滩头上的日军物资,并追击了溃逃的日舰队,但战果不大。埃斯佩兰斯角的夜战,虽未能给日军以重大损失,但毕竟第一次使自以为是夜战行家的日本海军损兵折将。

夜行的"东京快车"再也不敢无所顾忌地横行瓜岛海域。这一仗的胜利也使瓜岛上的美海军陆战队队员的士气为之一振,使他们在艰苦卓绝的斗争环境中看到了胜利的曙光。

美日航母
特混舰队的殊死决斗

在特鲁克基地掩蔽所里指挥瓜岛争夺战的山本并没有因为埃斯佩兰斯角海战遭败绩而动摇夺回瓜岛的决心。海战后的第二天夜里，他就派遣两艘战列舰独闯"铁底湾"，对亨德森机场进行系统的轰击。

在一个半小时里，两艘战列舰发射数百发大口径炮弹，使机场跑道严重破损，飞机也半数被毁。次日昼间，日机发动两次空袭，深夜，日重巡洋舰又卷土重来，几次袭击把亨德森机场弄得满目疮痍。

因此，1942年10月15日拂晓，当6艘日本运输船把4500名援兵送到瓜岛登陆时，美军仅有很少量的飞机予以抗击。这样，日军的岛上兵力增至22000人，并且其中大部分为精锐部队。

与日军对峙的美地面部队虽有23000人，但多属疲惫不堪、疟疾缠身的陆战队员。正当岛上的日军重整旗鼓、为夺回亨德森机场而积极准备时，山本也出动了中途岛海战后联合舰队最强大的阵容去配合陆军的进攻，并企图寻机歼灭可能出现的美航空母舰特混舰队。

日军这支强大的舰队共拥有"翔鹤号"和"瑞鹤号"两艘大型航空母舰、"瑞凤号"和"隼鹰号"两艘轻型航空母舰、4艘战列舰、14艘重轻巡洋舰以及44艘驱逐舰。

面对准备如此充分的日陆海军，尼米兹觉得有必要对南太平洋战区的高级指挥官进行调整，以扭转目前危机的局势。

尼米兹认为，在迄今的瓜岛争夺战中，美军作战不利、士气低落的一个重要原因是指挥上有问题。

特纳海军中将认为，海军陆战队第一师不应囿于环形防御阵地，应从瓜岛沿岸的几个地段发动进攻。

但是师长范德格里夫特陆战队少将却抱怨得不到海军舰船火力和物资的充分支援。

而戈姆利海军中将作为战区司令官，既不能解决这些分歧意见，在指挥作战时又不完全信赖自己的部下，并且一开始就对瓜岛登陆战持怀疑态度，因而受到了各方面的指责。

于是，尼米兹决定起用自信心强、骁勇善战的哈尔西海军中将继任南太平洋战区司令。

在瓜岛争夺战处于白热化、登陆美军处境困难、海战日趋激烈的时刻，接到任命通知的哈尔西，这个一向敢打敢冲、外号"蛮牛"的老牌舰队指挥官深感担子不轻："这可真是上帝交给我的最烫手的山芋了！"

哈尔西走马上任后，立即召开军事会议，会上他支持范德格里夫特的主张，解决了舰队与陆战队之间在战略上的意见分歧。

他问范德格里夫特："我们是打算从瓜岛撤退呢，还是要固守？"

范德格里夫特回答："我能够守住，但是希望得到舰队更为积极的支援。"

哈尔西毫不犹豫地说道："好的，那你就放心大胆地干吧！我把海军的全部家底都用来支援你。"

为了履行自己的诺言，哈尔西指派"华盛顿号"战列舰大胆出击，前往危险的"铁底湾"水域阻止日军舰只对瓜岛进行增援和炮击。

接着，他又对刚接替弗莱彻任航空母舰特混舰队司令的金凯德海军少将下达了一道更具胆略的命令：

率领两个航空母舰特混大队出发，进入瓜岛东北海域作战。

10月24日起，由刚修复好的"企业号"航空母舰、战列舰"南达科他

号"、两艘巡洋舰和8艘驱逐舰所组成的第16特混大队，以及由"大黄蜂号"、4艘巡洋舰和6艘驱逐舰所组成的第17特混大队开始在圣克鲁斯群岛附近的洋面巡航，准备随时同日本航母舰队交战。

瓜岛争夺战的重点现在转移到了海上，日美双方的航母舰队展开了一场规模巨大的捉迷藏游戏。直至10月26日，"企业号"上的金凯德海军少将和他的参谋人员仍然弄不清他们应该进攻的那支日舰队现在何方。

不过，为了执行哈尔西用电报传来的"攻击！反复攻击！"的催战命令，金凯德还是果断地下令16架携有500磅炸弹的"无畏"式俯冲轰炸机起飞，对西北方向进行搜索。

这个决定非常得当，一小时后，金凯德接到了哈尔西从圣埃斯皮里图岛发来的电报，指明日本舰队的大致方位及航向，同时他派出的俯冲轰炸机队也发现了近藤的前哨战列舰队。

李德海军少校率机群飞过日战列舰群上空，继续往北搜索更值得他们首要攻击的目标。至早上6时50分，无线电传来了李德的报告，说已经发现日军

⓿ 哈尔西（前排中）和他的士兵

3艘航空母舰。李德领着他的战友们钻进厚厚的云层，避开了正在爬高准备拦截的大批"零"式战斗机，他将队形整好，对准轻型航空母舰俯冲，两枚炸弹命中，将"瑞凤号"飞行甲板的尾部炸开一个50米的大洞。

"瑞凤号"舰长眼看无法回收飞机，只得让舰上剩下的飞机全部升空，然后拖着熊熊燃烧的舰尾往北撤返。

日军南云中将站在大型航空母舰"翔鹤号"的舰桥上，冷静地看着"瑞凤号"撤离，他已经收到巡逻机发回的敌情报告，说他们终于找到了已搜寻了整整5天的美国特混舰队。

这份7时收到的电报说："见到大群敌舰只，计有一艘航空母舰、5艘其他舰艇。"

南云立即命令60架飞机出击。半小时后，机群隆隆地向南飞去。这些飞机没有看到来自"大黄蜂号"的第一攻击波29架飞机正飞向他们的航空母舰，不过却发现了从"企业号"上飞来的19架美机，于是"零"式战斗机马上脱离自己护送的鱼雷机队和俯冲轰炸机队，投入了拦截战。

这场空战将不走运的"企业号"19架美机挡在了离他们要攻击的目标100海里远的地方，而"大黄蜂号"的第二攻击波23架飞机却恰好从一旁飞过，没有受到任何阻拦。

"企业号"的雷达屏上出现了大批亮点，然而在"望台"战役之前，仅有战列舰和巡洋舰作战经验的金凯德海军少将，采用了前任指挥官弗莱彻的作战指挥方式，即所有战斗机均由"企业号"来指挥。

这种指挥方式，既不够准确，也不很得力。当38架"野猫"式战斗机还未来得及升到一定高度时，就不得不在低空迎击临空的日机。

更糟糕的是，这波日机都集中飞往突击离"企业号"10海里远、防空火力相对薄弱的"大黄蜂号"，轰炸机从高空穿过高射炮火直扑下来。"大黄蜂号"遭受的第一个损伤是日机飞行队长自杀性俯冲造成的，他驾驶着中弹起火的座机直撞航空母舰的飞行甲板，两枚炸弹接连爆炸，舰内机库立即起火。

紧接着，鱼雷机从舰后方向发动攻击，低空飞至桅顶高度，2枚鱼雷在机舱爆炸，炸断了电缆和消防管道，海水进入锅炉舱。又有3枚炸弹穿透前甲板在舰内爆炸，并摧毁了升降机。

持续10分钟的攻击使"大黄蜂号"轮机停转，通信中断，浮在水面上动弹不得，滚滚浓烟冲天而起。驱逐舰迅速赶来，设法抛缆救助这艘已失去航行能力的军舰。

与此同时，在北面200海里处，受重创的"大黄蜂号"上的舰载机发起了以牙还牙的第一次攻击。威德赫尔姆海军上尉的"无畏"式俯冲轰炸机猛烈轰炸"翔鹤号"，他的护航战斗机与日"零"式战斗机在空中角斗。

这艘日军旗舰的飞行甲板被6枚1000磅的炸弹撕开，使南云万分担忧。但是美俯冲轰炸机的攻击没有得到携带鱼雷的"复仇者"式飞机很好的配合，几分钟后，"复仇者"们才飞到，但全被日机一一击落。

"翔鹤号"乘机逃跑了，虽已不能供飞机起降，但其舱室和轮机基本无损。"大黄蜂号"的第二攻击波没有找到要攻击的敌航母目标，将日重巡洋舰"筑摩号"打了个半死。

"企业号"的舰载机飞行员们被中途的遭遇战缠得精疲力竭，最后终于甩掉日机飞临战区时，攻击效力已如强弩之末。

南云不得不在战斗中下令他的参谋人员把舰队司令旗从"翔鹤号"航空母舰转移到一艘巡洋舰上去。

不过，他这次的处境要比中途岛海战时有利：大型航空母舰"瑞鹤号"仍具正常的战斗力，舰上的飞机和轻型航空母舰"隼鹰号"上的飞机偕同近藤的战列舰编队，早已出发前去攻打美军了。

他从纪律不严的美军飞行员的交谈中，截听到美军只有两艘航空母舰，而且其中一艘已严重瘫痪。现在全看一小时前派出的由64架飞机组成的第二攻击波是否能够得手了。

金凯德的处境甚为不妙。他的攻击机群已悉数派出，现正等待它们的返航，甲板上一部分战斗机正在加油，为下一步的空战作准备。

上午10时刚过，"南达科他号"战列舰突然从雷达上收到警报：日军的第二攻击波正从西北方向50海里处逼近。这次，"企业号"是日机的主攻目标。俯冲轰炸机不等鱼雷机飞来，就不断地从高空和低空轮番发起进攻。

有5架日机冲过了"野猫"式战斗机的拦击，但全被特混舰队所配备的"博福斯"高炮击落。"南达科他号"的防空火炮打得猛烈而准确，因而"企业号"没有受到太大损伤，只有飞行甲板被击中3枚炸弹。

在日机第二攻击波和第三攻击波之间有将近40分钟的间歇，美国两艘航空母舰上的飞机得以利用这段时间集结在一起，共同保护"企业号"。

11时，从"隼鹰号"轻型航空母舰上飞来的日机被严阵以待的"野猫"式战斗机打得一败涂地，密集的炮火击落了多架日机。

金凯德的旗舰再一次死里逃生，但"南达科他号"战列舰和"圣胡安号"巡洋舰中弹受创。金凯德下令第16特混大队向东面撤退。

日军损失的舰载机超过了100架，但南云并不想让美国人溜掉。幸存下来的"瑞鹤号"和"隼鹰号"航空母舰已回收了相当数量的飞机，并且重新加了油。

下午13时，南云准备好了发动第四次攻击波。

一小时后，从"瑞鹤号"起飞的日机群发现了正被拖着行驶的"大黄蜂号"。一枚鱼雷击中了这艘伤痕累累的航空母舰，海水迅速涌入机舱，舰体倾斜得更加厉害了，救火队员再次得到了弃舰的命令，驱逐舰将跳海的舰员——救起。

此时"隼鹰号"的俯冲轰炸机因找不到"企业号"的踪迹，只得将炸弹扔向"大黄蜂号"。第17特混舰队的两艘驱逐舰对准这艘弃舰发射了鱼雷，但最终击沉"大黄蜂号"的任务交给了近藤的战列舰编队。

晚23时，当4艘日本战列舰驶近大火滔天的"大黄蜂号"后，发现它已伤得连拖走也不可能了，遂用4枚鱼雷将它打发到了海底。

圣克鲁斯海战使美南太平洋海军遭到了挫败，美国沉没了一艘宝贵的航空母舰，另一艘受伤，而日本只损伤了一大一小两艘航空母舰。这场较量的

结果让哈尔西觉得他以后的日子不会太好过，他只剩下一艘受创的航空母舰和一艘战列舰，用以保持向被围困的瓜岛数万名陆战队员和陆军官兵提供给养的海上补给线的畅通。

在尼米兹看来，圣克鲁斯海战只是一次战术性的失利，美军付出了高昂的代价，换来了长远战略上的胜利。日本海军损失了100多架飞机，美国海军损失了74架飞机，但这次海战给日军造成的损失是难以用双方飞机数量的损失说明的，因为日联合舰队再也损失不起有经验的舰载机飞行员了，作战报告表明，日机发动进攻时已明显不如以往机敏和老道。

而美国培训飞行员和制造飞机的速度是日本望尘莫及的，因此美太平洋舰队只会越来越强大，而日联合舰队却将逐渐衰弱下去。

瓜达尔卡纳尔岛
海域争夺战

圣克鲁斯航母大战的胜果使日军大本营确信，只要再坚持一下就能夺回瓜岛，因此，1942年11月初，夜间赶运的"东京快车"又加快了速度，使瓜岛的日陆军部队超过了美军兵力数千人。

但是，山本认为这种小规模的逐次增兵的方法只是权宜之计，他决心组成一支规模空前的"东京快车"去增援瓜岛，以一劳永逸地解决问题。

11月12日，素以英勇顽强著称的田中在肖特兰岛完成集结，他将率领11艘快速运输船在11艘驱逐舰的护航下，运载陆军第三十八师13500人于当晚出发，准备突破"槽海"南下。

山本的计划是：

14日田中编队在瓜岛登陆，在此之前的两天夜间，用战列舰编队和巡洋舰编队连续对亨德森机场实施炮击，昼间则用轰炸机对其实施空袭，航空母舰机动舰队在所罗门群岛北面活动，为田中编队提供空中掩护，但避免与美军进行舰队决战。

日军再次集中力量设法夺回瓜岛的企图，瞒不过美太平洋舰队的密码专家们，盟军急忙从各地调来增援部队。

在罗斯福总统的亲自关注下，一批巡洋舰、驱逐舰和潜艇被增派到南太平洋，又从夏威夷和澳大利亚调来了轰炸机和战斗机。

大战已迫在眉睫，金凯德海军少将率领"企业号"航空母舰特混舰队

从努美阿出航，其中包括"华盛顿号"战列舰和受创的"南达科他号"战列舰。焊工也随"企业号"出发了，因为时间紧迫，所以不得不边航行边来修理它受伤的舰首部，可前升降机是再也无法使用了。

看来哈尔西海军中将从圣克鲁斯海战中学到了行动谨慎这条经验，他指示金凯德："企业号"无论如何不要进入所罗门群岛以北海域。

11月11日，特纳海军少将虽及时地把陆军和海军陆战队约6000人的援兵送到了瓜岛，但卸货作业屡屡被日军的舰载轰炸机和岸基轰炸机打断。

12日黄昏，特纳根据侦察机的报告获悉，日军一支重型舰艇部队正直下"槽海"。于是，他令运输船队向东南方向撤离，并从护航舰只中抽出5艘巡洋舰和8艘驱逐舰，由卡拉汉海军少将指挥，前往"铁底湾"，挫败日军即将发起的对亨德森机场的夜袭。

夜晚，南太平洋的天气闷热，夜空中没有月亮，只有点点星光。形势对卡拉汉很不利，因为日军的阿部弘毅编队除拥有一艘轻巡洋舰和14艘驱逐舰外，还有"比睿号"和"雾岛号"两艘战列舰。

卡拉汉海军少将心里明白他的军舰比对手少，但不知道日军的优势究竟有多大。他只好仰仗战神保佑了，因为现在他已来不及对敌情进行侦察，也来不及制订出一个妥当的作战方案。

他仿效斯科特海军少将在埃斯佩兰斯角海战中的战法，采取单纵队队形，5艘巡洋舰居中，前后各配置4艘驱逐舰。卡拉汉又把雷达性能较差的重巡洋舰"旧金山号"作为旗舰。斯科特这次担任卡拉汉的副手，其座舰"亚特兰大号"轻巡洋舰也没有装备新型的对海搜索雷达。

13日凌晨1时30分，"海伦娜号"轻巡洋舰上的大功率雷达在距日舰14海里处发现目标，并用无线电向旗舰作了报告。

可惜，卡拉汉没能正确利用领先几分钟发现日舰的优势，而是先后两次命令其编队向右转向，意图像斯科特在埃斯佩兰斯角海战时那样，通过上述机动，占领T字横头阵位。

航行在最前面的驱逐舰"库欣号"突然发现日军前卫驱逐舰就在其前

方，于是立即转舵，致使随后的3艘美驱逐舰发生混乱。为避免碰撞己方驱逐舰，居中的卡拉汉巡洋舰队又向左转向。就这样，日美双方的舰只在夜色中不知不觉地混杂在一起了。

阿部弘毅也被"发现敌人"的报告弄得惊慌失措，舰上立即发出换上穿甲弹的紧急命令。升降机和炮塔忙个不停，卸下高爆弹，装上穿甲弹，足足花了一刻钟的时间。

1时50分，当"比睿号"的探照灯光透过夜幕照见"亚特兰大号"时，斯科特一看危险，不等卡拉汉的指示，急忙下令"开火！反照射！"5英寸大炮迸发出耀眼的闪光，但为时已晚，从两海里外黑森森海面上飞来的日舰上的第一阵排炮击中了这艘轻巡洋舰。"亚特兰大号"的舰桥当即被炸飞，舰桥上的军官连同斯科特海军少将全部阵亡。

卡拉汉的旗舰发出信号："单数军舰向右舷开火，双数军舰向左舷开火！"他发现他的舰队两侧都是日舰，一边是战列舰；另一边是巡洋舰和驱

美"企业号"航空母舰

逐舰。战斗演变成相互近距离的交火，漆黑的水面上升起一串串耀眼的黄色、朱红色闪光。

鱼雷的翻腾航迹不时在激战双方的驱逐舰之间穿来穿去，美舰接连受创，队列被打乱了。

"亚特兰大号"中了两枚鱼雷，动弹不得。"库欣号"驱逐舰赶去救援，将鱼雷射向日舰，但是它自己也被"比睿号"的探照灯照住，立即被击中起火。它的姊妹舰"拉菲号"勇敢地发起进攻，但未击中日舰，却被连发的日战列舰主炮炮弹炸得稀烂。

美军驱逐舰和巡洋舰的小口径炮弹打在"比睿号"和"雾岛号"上，都被战列舰厚重的装甲弹炸飞了，战斗开始后那几分钟盲目的慌乱，迫使卡拉汉暂时停火，以便让他的巡洋舰能找准目标。

"我们要干掉的是大家伙！"他吼道，"首先瞄准大的！"这竟然成了卡拉汉的最后一道命令。日本人也利用这段间歇调整了部署，再次列队投入战斗。探照灯投向了"旧金山号"，"雾岛号"上的舷侧炮一阵齐射，击穿了这艘美军旗舰的上层建筑，卡拉汉成了这场海战中美军阵亡的第二个将领。跟在其后的"波特兰号"重巡洋舰中了一枚鱼雷，舰尾钢板弯曲变形，成了舵的形状，"波特兰号"在原地打起转来，然而其火炮依然不断轰击"比睿号"。轻巡洋舰"朱诺号"的机舱被鱼雷击中，失去了动力。

"巴顿号"驱逐舰被劈成两半，逐渐下沉。它的伙伴"蒙森号"鲁莽地打开一束探照灯，旋即燃起熊熊烈火。

战斗持续了24分钟后，"铁底湾"上隆隆的炮声静寂了下来，美国军舰上摇晃不停的火光或明或暗，映照出海面上浮着的黑色油层、尸体和污物。"亚特兰大号"勉强行驶，最后不幸触礁沉没。

"朱诺号"轻巡洋舰拖着残体刚刚驶出"铁底湾"，就遭日军潜艇攻击，全舰700余名官兵，除少数逃生外，大多与军舰同归于尽，或死于鲨鱼的利齿，该舰的沉没使艾奥瓦州的托马斯·沙利文夫妇一下子失去了5个儿子，为此美国海军颁布条令，今后不准一家人在同一艘舰艇上服役。

　　将近1000名美国海军人员，包括两名海军少将，在这场被金海军上将称之为"空前剧烈的海战"中，于1942年11月12日深夜献出了生命，卡拉汉的5艘巡洋舰和8艘驱逐舰，仅有两艘巡洋舰和3艘驱逐舰满身挂彩地返回了基地。但是，卡拉汉巡洋舰编队的英勇牺牲，却使阿部占绝对优势的战列舰编队撤退了。日舰队旗舰"比睿号"被炸坏了罗盘，两艘驱逐舰沉没了，而最令美军感到快慰的是，阿部的过分谨慎战胜了他完成轰击机场任务的使命感，从而失去了在第二天早上戴上胜利者桂冠的资格。

　　13日天一放亮，美军的飞机就扑上了北撤的"比睿号"。日联合舰队司令部命令"雾岛号"把它的仍在冒烟的姊妹舰拖走，但是阿部已让"雾岛号"赶紧逃走，只让一艘轻巡洋舰留下对付空袭。

　　"企业号"上的俯冲轰炸机飞临上空，将炸弹倾泻在"比睿号"上，亨德森机场起飞的B-17轰炸机群也加入了攻击行列。

　　下午16时，日本天皇的照片被转移到"夕风号"上后，阿部下令凿沉他的旗舰。这一举动令山本深为震怒，认为阿部再也不配指挥军舰了。

　　阿部使命的破产，迫使田中的运兵船队返回肖特兰岛暂留24小时，山本决定派出三川海军中将的重巡洋舰编队，继续完成战列舰没有执行的炮击任务。这次，附近已没有美国军舰阻挡它们，图拉吉的鱼雷快艇对日军的袭扰也无济于事，几艘重巡洋舰一共向亨德森机场发射了1000多发炮弹，但显然203毫米舰炮的威力要比战列舰356毫米的舰炮威力小得多。

　　13日晚上的炮击，给美军修建大队留下了填平跑道上累累弹坑的任务，经过通宵达旦的拼命苦干，到11月14日太阳升起时，工程兵们终于又能让海军陆战队飞行员驾驶"复仇者"式鱼雷机起飞了。

　　11月14日拂晓，美军侦察机发现两支日军舰船编队：一支是三川的巡洋舰编队，他们完成了夜间炮击任务，正在新佐治亚群岛以南海域向西撤驶；另一支是田中的护航运输队，经由"槽海"南下，正向瓜岛航进。

　　上午10时，亨德森机场的陆战队飞机和"企业号"航空母舰的舰载机很快炸沉了"衣笠号"巡洋舰、"五十铃号""摩耶号"以及三川的旗舰，

"鸟海号"同时受创。接着，美军飞机集中力量向防御薄弱的运输船队发起攻击。

田中的驱逐舰做着蛇行运动，同时以高射炮火回击美机的轮番进攻。

14日上午和下午，运输船上的日本兵遭到了一场真正的浩劫，那可怖的情景使那些九死一生的幸运儿终生难忘。高空飞行的B-17轰炸机丢下的炸弹摇摇晃晃往下掉，舰载轰炸机朝着目标呼啸飞来，好像要往海里钻，投完炸弹后又迅速爬升起来。

近炸弹激起冲天水柱，浪花四溅，每枚命中的炸弹腾起浓烟和烈火，运输船一艘接一艘中弹，剧烈地摇摆着身子，预示着末日即将来临。空袭的飞机离去后，浓烟散去，现出一幅悲惨的景象，水兵们从正在下沉的舰船上纷纷跳入水中逃生。

日军遭受的苦难整整延续了一天，夜幕降临时，执意奋进的田中仅仅剩下了4艘运输船和3艘驱逐舰。这时，山本发来电令，支持田中继续"蛮干"的突进，同时指派近藤亲自率领"雾岛号"战列舰、4艘巡洋舰和9艘驱逐舰南下，企图再次炮击亨德森机场。

瓜岛的3天海战即将进入最后一次交锋。

哈尔西把挡住日军的全部希望寄托在"企业号"航空母舰特混舰队的两艘战列舰上，他命令威利斯·李海军少将带着"华盛顿号"、"南达科他号"战列舰和4艘驱逐舰离开特混舰队北上，务必堵住日军的夜袭进路。

李海军少将是"美国海军中最聪明的智囊之一"，也是舰载雷达专家。他预料这场夜战将极为艰苦，所以制订了一个审慎的作战方案，在埃斯佩兰斯角附近较为开阔的海域里展开战斗。

当晚，李乘坐的旗舰"华盛顿号"驶过"铁底湾"。受水下大量沉舰的影响，战列舰上的磁性罗盘不停地来回转动。岸上吹来的风，过去时常带有浓烈的腐臭味，当夜竟然令人惊奇地弥漫着一股金银花的香味，甲板上的美国水兵认为这是一种吉兆。

深夜，月光映出了埃斯佩兰斯角山峦起伏的轮廓，美国的两舰巨型战舰

以4艘驱逐舰为前驱，沿着一条东南向的航道通过了萨沃岛。

李估计日军将在晚上23时来临。果然等到预计的战斗时刻临近时，"华盛顿号"的雷达屏幕发现了日舰群。

这是近藤编队以"川内号"轻巡洋舰为前导、几艘驱逐舰组成的日军前哨突击舰群。李把军舰拐弯冲西，横在日舰前进的航道上，静候日舰驶近。

23时17分，李下令开火。

日舰上的观察哨将美军战列舰呈现的细长黑影误认为是两艘巡洋舰，直到炮弹激起了巨大水柱，倒霉的"川内号"才赶紧放出浓浓的烟幕掉头撤回。数艘日巡洋舰、驱逐舰从萨沃岛的另一侧摸了过来。在照明弹的强光照耀下，李的4艘驱逐舰首先投入战斗。

刚一交手，日舰发射的炮弹和鱼雷就占了上风，美军两艘驱逐舰很快沉入海底，其余两艘失去机动能力，而日军只有一艘驱逐舰被击沉。于是，"华盛顿号"急忙向左转舵，"南达科他号"冲着日舰向右转舵，以避开失去机动能力的舰只。美国战列舰是在战斗的危急时刻，无奈采取这种各自为战的行动的。

这时，近藤编队准备再次发起攻击，由战列舰"雾岛号"、两艘重巡洋舰和两艘驱逐舰组成的主力舰群正从萨沃岛西北方向接敌。日军主力舰群从萨沃岛背面一出现，就炮击了距离较近的"南达科他号"，该舰天线塔被打掉，上层舱室好几处着火，不得不退出战斗。

这样，"华盛顿号"就要同整个近藤舰队进行较量。李海军少将以己之长，击敌之短，利用雷达指挥射击。

李的训练有素的雷达兵测准了日舰距离，总算救了"南达科他号"，7分钟内，50余发炮弹连续击中"雾岛号"，将它的塔形上层建筑击成了碎片，舵也卡住了，舰身不由自主地打起转来。

接着，李转向西北航行一段时间，以便把日舰从美军的伤舰附近诱开，尔后折回去和"南达科他号"会合，"南达科他号"上的舰员正在设法将上层舱室的余火扑灭。

日军驱逐舰仍围着燃烧的"雾岛号"残躯打转。凌晨3时后，近藤不得不放弃原来的作战企图，令"雾岛号"和两艘无法行动的驱逐舰自沉，然后撤离了战场。但是田中没有辜负自己"顽强者"的诨号，在战列舰决斗的最后阶段，他悄悄地驶向瓜岛塔萨法朗加滩头。

山本批准了他提出的孤注一掷的计划：

冒着空袭危险派部队抢滩上岸。

黎明来临，美海军陆战队"复仇者"式鱼雷机猛攻靠岸的运输船。

日本兵顶着猛烈的轰炸和扫射，死命地冲出来，攀着缆绳跳进海水里。这次空袭将田中最后的4艘运输船全部炸毁，把日陆军第38师2000名挣扎上岸的士兵的给养和装备统统炸飞了。

1942年11月12日夜里开始至15日早晨结束的这场海战，标志着瓜岛争夺战的一个决定性转折。

日军只有10吨物资和2000人的陆军部队被送上了岸，而日本海军为之付出的代价是：两艘战列舰、一艘巡洋舰、11艘运输船和10余艘驱逐舰。

山本至此认识到，日本联合舰队再也承受不住如此沉重的代价去支援陆军的作战行动了。

这场海战后，"东京快车"虽然仍在坚持运行，但每次只运进了很少的增援力量和物资，而这些少得可怜的东西显然已难以维持32000人的日军部队。正如日本人自己所形容的那样，瓜达尔卡纳尔岛已是"死亡之岛"，岛上日军无衣无食，尸骸狼藉，只得在翌年初溜走。

美军发动
南太平洋钳形攻势

　　瓜岛战役之后，山本五十六坐镇于加罗林群岛首府特鲁克，密切不安地注视着步步逼近拉包尔的美军。

　　美军在南太平洋上的战略部署是，形成对日本西南太平洋最重要的海空军基地拉包尔的钳形攻势。拉包尔位于俾斯麦群岛中的新不列颠岛的东北部，靠近所罗门群岛的最北端。

　　对拉包尔的钳形攻势由麦克阿瑟陆军上将负责统一指挥，麦克阿瑟亲自率领西南太平洋战区陆海空三军部队从新几内亚向西，哈尔西海军上将率领美太平洋第三舰队沿所罗门群岛北上，从两个方向实施分进合围。

　　所罗门群岛日军岌岌可危的防御态势，使山本五十六不得不亲赴拉包尔指挥作战。1943年4月下旬，就在山本积极策划新一轮空中攻势，前往前线视察空勤部队途中，其座机遭到事先破译了密码而掌握情报的美军战斗机的伏击，坠落于所罗门群岛北部的莽莽丛林中。山本因成功地奇袭美太平洋舰队基地珍珠港而名噪一时，其被击毙无疑大大鼓舞了美军将士取得胜利的信心。

　　哈尔西海军上将的两栖部队在舰队和航空兵部队的有力支援下，在中所罗门群岛岛链上粉碎了日军的顽强抵抗，以及日水面舰艇和航空兵对驻岛守军的增援，于1943年11月夺取了所罗门群岛北部最大的海岛布干维尔岛，爬上了使拉包尔失去作用的战略阶梯的最后一级。

　　美工兵部队开始在岛上修建机场，这个机场离拉包尔仅仅220海里，哈尔西海军上将的轰炸机在战斗机的掩护下，可对拉包尔及俾斯麦群岛所有地区

实施轰炸。

在钳形攻势的另一头，麦克阿瑟陆军上将经过一次接一次的速决战，完全控制了新几内亚岛的东北地区，继而在新不列颠岛实施登陆，西南太平洋美军突破了日军以俾斯麦群岛为基地的空中防线和海上防线。

拉包尔要塞陷入了盟军的坚固包围圈中，丧失了制海权和制空权的其他几个残存日军据点也已经完全瘫痪。接替山本出任联合舰队司令长官的古贺海军上将不得不放弃了对拉包尔的防御，将分散在俾斯麦群岛和北所罗门群岛的12.5万名守岛日军远远地抛弃在了盟军的大后方。

1943年年底对拉包尔的封锁围困基本完成后，经过大半年实力补充和充分准备的美国海军中太平洋部队，终于开始向中太平洋方面的日军展开了大规模攻势。

在中太平洋发动攻势，从一开始就遭到西南太平洋战区司令麦克阿瑟陆军上将的强烈反对。他主张，一经占领或封锁了拉包尔，集结在珍珠港的美

◆ 日本战机被击中

军即可横渡太平洋，应利用盟军在南太平洋和西南太平洋地区已经建立的空海军基地，沿新几内亚—棉兰老岛轴线进军，直取菲律宾，直至日本本土。而尼米兹等美国海军首脑认为，直接横渡中太平洋是一条最佳的进兵路线，不仅运输线较短，气象条件较好，而且既可切断日本本土通往南太平洋的海上交通线，又可集中优势兵力去攻占中太平洋那些相距甚远，难以相互支援的小岛和环礁，此外还能把战线迅速推进到日本近海，使日本本土遭到袭击。

海军认为，沿麦克阿瑟的新几内亚—棉兰老岛轴线进兵是舍近求远，既浪费兵力，又必须经过一条漫长的、易受盘踞在中太平洋群岛上的日军袭击的海上航路，而且日军容易判断美军下一攻势的矛头所向，便可在进军路上相互支援，集中兵力予以抵抗。地面部队还会受到疟疾等热带丛林病的威胁，进兵速度会相当缓慢。

经过一番争执，海军的计划最后得到了美参谋长联席会议的认可，决定开辟中太平洋轴线，以此作为向日本进军的主要战略方向。

但是考虑到西南太平洋部队已在追击退却之敌和麦克阿瑟陆军上将对全世界许下的"保卫菲律宾、打回马尼拉"的誓言，参联会同意麦克阿瑟沿新内亚—棉兰老岛轴线继续向前推进。这样，盟军双管齐下，从两个作战方向向西进攻，又形成了一个新的对菲律宾的钳形攻势。这个钳形攻势的规模，比对拉包尔的钳形攻势要大得多。

日军将不得不分散兵力，时刻处于顾此失彼的紧张状态之中，搞不清美军下一步攻势将指向何处。

况且，美国新型航空母舰已经完成临战准备，其威力和机动能力足以抵消日军在内线作战的有利地位，以这些堪称海上活动基地的航空母舰为前锋，中太平洋部队即使没有岸基航空兵支援，也可对日占岛屿实施跳跃式的越岛登陆作战。

美军在太平洋上的制海权和制空权的范围，随着航母特混舰队的前移而不断扩大。

  1942年年底至1943年年初，太平洋战争朝有利于盟军发生转折的背景是，美国庞大的经济和工业潜力完全转入了战时轨道，军工生产蓬勃发展，其造舰能力3倍于日本，飞机制造能力10倍于日本。

  1943年春天以后，9艘新型快速航空母舰加入中太平洋部队的主力第五舰队，其中4艘是载机100多架的27000吨"埃塞克斯"级大型航空母舰，即"埃塞克斯号""列克星敦号""邦克山号"和"约克城号"。这些航速可达32节的海上堡垒，不仅航速快，而且装备好，相当于日本"翔鹤"级、"独立号"等5艘轻型航空母舰。

  美国海军占据了太平洋上航空母舰力量对比的优势，它们与8艘护航航空母舰、5艘新式战列舰、7艘老式战列舰、9艘重巡洋舰、5艘轻巡洋舰、56艘驱逐舰、29艘运输舰及大量的登陆舰艇一道，组成了第五舰队能实施远程突击的强大兵力。

  这支新的特混舰队与1942年美国海军在太平洋上只剩下"萨拉托加号"和受伤的"企业号"两艘航母的艰苦岁月相比，形成了鲜明对照，它们现在拥有6艘大型航空母舰、5艘轻型航空母舰。

  海军舰载机和岸基飞机在数量上不仅有了大幅度提高，而且在性能上也占有一定的优势。"恶妇"式舰载战斗机尽管装甲和自密油箱较重，不如日军"零"式舰载战斗机灵活，但飞行速度、高度、攻击和防护性能都比"零"式略胜一筹。

  SB式俯冲轰炸机比过去的SBD"无畏"式速度快、作战半径大、携弹量多。F4V"海盗"式战斗机适于岸基作战，时速可以超过400海里，爬高性能优于任何一种日机。

  美国巨大而又不断加速的生产能力，为其在太平洋上展开大规模海空攻势提供了雄厚的物质基础，与此相比，日本则走入了战时经济不堪重负的阶段。由于国土狭小，资源贫乏，生产能力有限，已无法满足陆海两军日益增加的战争消耗。瓜岛争夺战使日本运输船蒙受空前损失，南洋资源在盟军潜艇攻击下，海运量急剧萎缩，陆海军在如何分配有限的战略物资问题上长期

对立和争吵，国力的衰弱已容不得日军再同美军展开大规模消耗战了。

但是，日军指挥官们没有吸取瓜岛教训，仍一味强调死守。在1943年新几内亚和所罗门群岛防御作战中，为阻止盟军对拉包尔的钳形攻势，日军没有利用居于内线作战的有利条件，集中兵力对来自两个方向上的麦克阿瑟部队和哈尔西部队实施各个击破，反而层层设防，分散了兵力。

尤其致命的是，联合舰队山本五十六司令长官及其继任者古贺海军上将过分轻率地使用海军舰载机和岸基飞机，把已经十分宝贵的航空母舰孤注一掷地投入到一个接一个的消耗性海空战中，耗尽了最后一批经验丰富的舰载机飞行员精华。

盟军在夺取瓜岛后，迅速扩建了岛上原有的亨德森机场，驻有美陆军第五航空队和所罗门航空队约300余架战斗机和轰炸机。

这些来自海军、海军陆战队、陆军等不同系统所属的飞机，加上澳大利亚空军和新西兰空军的几个飞行中队，都在瓜岛所罗门空军司令部统一指挥下密切协同，并与盟军设在新几内亚的几个航空基地相互配合支援，形成了一支强有力的空中打击力量。他们的主要任务是掌握所罗门群岛、俾斯麦群岛、新几内亚岛东部的制空权、轰炸拉包尔日军基地。

山本对战局的恶化十分震惊，为急于挽回颓势，不合时宜地甩出了他的最后一张王牌——集中"瑞鹤号""瑞凤号""隼鹰号""飞鹰号"4艘航空母舰上的96架"零"式战斗机和54架99式轰炸机南下飞往拉包尔，加上各岛上原来的海军岸基飞机约200架，组成一支实力雄厚的航空集团。

他企图发动凌厉的空中战役，摧毁盟军在新几内亚东部、中所罗门群岛上的海空军基地，极大地杀伤盟军舰船和飞机，以此来支援陆军坚守拉包尔的防线，阻滞盟军在两个方向上的猛烈进攻。

停泊在特鲁克基地的航空母舰就此永远告别了它们赖以生存的仅剩的最后一批精英飞行员，大批优秀舰载机飞行员已经在珊瑚海、中途岛海战、瓜岛血战中阵亡。

1943年4月7日、11日、12日、14日，日海军航空兵与美第五航空队、

所罗门航空队连续4次在瓜岛、新几内亚岛东部上空发生空战，美军"海盗"式战斗机首次与"零"式战斗机较量，就显示出不凡的战斗力，多次将日机击落。

这场空中较量的结果，日军轰炸机只击沉盟军驱逐舰、护卫舰、油船各一艘和运输船两艘，而日军则损失了46架舰载机及其飞行员。

山本死后，接任联合舰队司令长官的古贺沿袭了消耗性使用舰载机和岸基航空兵打击盟军的做法。

1943年7月至10月，哈尔西向中所罗门群岛的新佐治亚群岛发动猛攻，在激烈的海战和登陆战的同时，美军航空兵与日本海军航空兵在护航运输队、登陆点上空、机场展开了积极的对攻战，日军飞机共被击落22余架。

11月1日，哈尔西向布于维尔岛大举进攻，同时对拉包尔实施大规模系统性轰炸。为救援拉包尔，古贺拿出山本7个月前将舰载机倾囊而出的老办法，从"翔鹤号"和"瑞鹤号"飞行队各调出63架舰载机，从"瑞凤号"调出26架舰载机，共152架增援拉包尔，再一次把赌注摆在了航空兵发起的空中攻势上。

听到要移驻拉包尔消息的舰载机飞行员们预感到前景的暗淡，出发前，他们将照片、遗物、遗书等都留在了母舰上，准备投入到一场有去无回的海空大战中，做出无谓的牺牲。

11月2日清晨，65架"零"式舰载机，18架99式舰载俯冲轰炸机突袭刚刚从奥古斯塔皇后湾夜战中胜利返航的美第39轻巡洋舰特混舰队，结果只有两枚炸弹命中美军两舰，而日机被舰队防空炮火击落17架，被随后赶到的所罗门航空队击落8架，其余飞机落荒而逃。

当日中午，美第五航空队75架B25重型轰炸机在57架P38"闪电"式战斗机的护航下空袭拉包尔，日美双方展开了一场空中遭遇战，132架"零"式战斗机被击落19架，而美军只损失了9架轰炸机和9架战斗机。

11月5日，谢尔曼海军少将指挥的以"萨拉托加号""普林斯顿号"航空母舰为首的航母特混大队空袭拉包尔，52架"恶妇"式战斗机迎战47架

"零"式战斗机，其余45架舰载轰炸机和攻击机对港内的巡洋舰和驱逐舰实施了猛烈攻击，结果美机被击落7架，而日本"零"式战斗机损失了25架。

11月8日，从拉包尔起飞的71架"零"式战斗机和26架俯冲轰炸机，袭击了美军在登陆点附近的一支护航运输队，空战过后，美军28架战斗机损失了4架，只有两三艘运输舰被炸伤，而日机被击落12架。

11月11日，蒙哥马利海军少将指挥的"埃塞克斯号""邦克山号""独立号"航母特混大队从第五舰队借调至布干维尔岛，协同谢尔曼的航母特混大队，用压倒优势的海空兵力打击拉包尔日军，日军14架战斗机被击落，14架鱼雷机全军覆灭，却没有给美舰造成任何损失。

布于维尔岛海空大战结束后，古贺的152架舰载机损失了126架，换来的是微不足道的战果。可古贺还是不甘心失败，又从"飞鹰号""龙凤号"航母飞行队中抽出舰载机进驻拉包尔。日军飞行员的空中苦战一直延续至1944年2月

美军战斗机

底拉包尔被正式放弃为止。

南太平洋战线上这场持续了将近一年多时间的对拉包尔的钳形攻势，极大地消耗了日陆海军的精锐部队，为1943年年底中太平洋美军的大进攻奠定了胜利基础。

同美军的损失相比，日军的损失更是触目惊心，特别是日军的海军航空兵力量被彻底打垮了，古贺不得不命令"瑞鹤号""翔鹤号""瑞凤号"等几艘空荡荡的航空母舰离开特鲁克，回日本本土进行补充和休整，重新装备飞机和培训飞行员。

1943年年底开始，日军大本营虽然将航空兵器从优先发展提高为绝对优先发展，飞机在几个月内得到了迅速的补充，但被消耗殆尽的优秀舰载机飞行员却是难以弥补的，太平洋战争初期日海军航空兵飞机性能与飞行员素质占优的有利条件已经荡然无存。

美军重创日军

王牌特混舰队

1944年6月19日清晨，通宵东撤的第58特混舰队到达塞班岛西南90海里、关岛西北90海里的海域，随后开始转向，航向西南。

经过拂晓时分的一场小规模空战，美军舰载机消灭了最后一批来自关岛机场的30多架日军轰炸机和攻击机。至此，"阿号作战"要求岸基航空兵配合小泽机动部队作战的计划全部落空。

"发现敌舰队！"小泽司令部内顿时一阵欢呼。美第58特混舰队与栗田前卫编队相距300海里，与小泽的航母主力相距400海里，这正是小泽梦寐以求的理想打击距离。在美舰载机作战半径之外，日机终于抓住了抢先攻击的绝好战机。

只要令美军航母的木质飞行甲板中上炸弹，即使只命中一枚，就能破坏美舰载机的起飞和降落，更不用说威力更大的鱼雷了。"大凤号"旗舰桅杆上再次升起奇袭珍珠港时南云机动部队所挂的Z字作为战旗。

联合舰队司令长官丰田海军上将也发来了训示：

皇国兴亡，在此一举，全体官兵必须努力奋战！

30多年前，东乡平八郎就是用这句话来激励即将同沙皇俄国舰队决战的官兵斗志的。

1944年6月19日7时25分，第一攻击波从栗田前卫编队的3艘轻型舰母上迎风起飞，14架"零"式战斗机、43架"零"式战斗轰炸机、7架"天山"式

鱼雷攻击机共64架舰载机组成的突击机群在6000米高空向东直扑过去。

两个多小时以后，美军雷达发现了从西面飞来的日机，距离150海里。第58特混舰队指挥官米彻尔海军中将命令每一架可以起飞作战的"恶妇"式战斗机起飞，截击日本飞机。

地勤人员在航空母舰整个飞行甲板上立刻忙碌起来，蓝衣蓝帽的机械员、黄衣黄帽的滑行信号员、绿衣绿帽的拦阻挂钩员、紫衣紫帽的轮挡员以及红衣红帽的消防员各自散开，准备飞机起飞。

飞行员们跨进各自飞机的座舱，身大体魁的"恶妇"在马达的阵阵轰鸣声中腾空而起，在作战情报中心的引导下扑向目标。为了腾出飞行甲板让战斗机降落、加油和补充弹药，鱼雷机和俯冲轰炸机也全部起飞，在特混舰队东侧上空待机。

约450余架"恶妇"式战斗机组成的机群在离第58航母特混舰队70海里空域，遭遇日军第一攻击波。"恶妇"式战斗机抢先升入高空，飞行员们紧紧扣住6门12.7毫米航炮的射击按柄，用瞄准镜对准敌机，居高临下朝着下方稀稀落落的64架日机俯冲。

"埃塞克斯号"战斗机中队长布鲁尔海军中校首次点射就让一架"零"式开了花，在这架日机的破片掉入海面之前，布鲁尔又紧紧咬住了另一架"零"式战斗机。

日军舰载机像树叶一样哗哗地往下落，数架侥幸未被击落的日机飞临李海军中将的战列舰编队，舰队顿时巨炮齐鸣，装有近爆引信的空爆炮弹立刻将中太平洋的碧海染成了黑色。

总算有一架"零"式战斗轰炸机在被击落前，将一枚250公斤航弹扔在"南达科他号"战列舰上，但战列舰的战斗力丝毫没有被减弱。日机第一攻击波仅有26架飞机返回母舰，而美军只损失了一架飞机。

第一攻击波出发后半小时，48架"零"式战斗机、13架"彗星"式俯冲轰炸机和27架"天山"式鱼雷攻击机在两架搜索机的引导下，组成了更大规模的第二攻击波，它们从"大凤号""翔鹤号""瑞鹤号"航母升空后，成

编队向东进击。很明显，这个日机群的指挥官从无指挥大编队作战的经验，竟带领机群朝栗田前卫编队的上空飞去，造成海面上的战列舰、巡洋舰开炮误伤了己方的6架飞机。

10时40分，"猎杀马里亚纳火鸡"式的空战开始了，美军飞行大队长麦坎普贝尔海军中校身先士卒，一次次冲入"彗星"俯冲轰炸机队列，一举击落4架，直至把炮弹打光。

"恶妇"式战斗机占据了绝对优势，只要有一架日机企图带领几架飞机冲出队列，"恶妇"式战斗机飞行员就会像牧童那样，把它们重新赶回机群里，防止日机散开。

"嗨，这真像古代捕杀火鸡啊！"一位飞行员欣喜若狂地叫起来，无线电里充满了乱哄哄的狂叫和咒骂声，警告和鼓励战友的喊声。

大约有20余架日机顽强地突破了"恶妇"式战斗机的重重包围，但是刚一接近战列舰群就被防空火网收拾了。两架"天山"式鱼雷攻击机勇猛地扑

战机被击落

向美环形舰阵的中心，即李海军中将的旗舰"印第安纳号"战列舰，对准其巨大的舰身射了鱼雷后，随即便被炮火撕成了碎片，日机飞行员至死都未看见两枚鱼雷均偏离了目标。

就在同一时刻，又一架"天山"式突入"印第安纳号"右舷，但是未能投下鱼雷就被击中起火，燃烧的日军攻击机带着橘黄色火焰猛然撞向战列舰舷侧，炸裂的飞机破片击中了正好在附近甲板上的5名舰员，"印第安纳号"右舷留下了重重的擦痕。

11时50分，6架日军"彗星"式舰载俯冲轰炸机突破被美军战斗机封锁的空战区域，向西扑向蒙哥马利海军少将的第二航母特混大队。其中4架对"黄蜂号"航母扔下4枚炸弹，均未直接命中，只有一枚炸弹在"黄蜂号"上方爆炸，引燃了飞行甲板上的一些燃烧弹，造成一场小火灾。

另外两架向"邦克山号"航母急剧俯冲，投下了两枚近失弹。炸弹在水中爆炸，弹片击穿了飞机升降机和附近的舰体，引起几处火灾，但立刻被扑灭了。日第二攻击波的128架舰载机损失非常惨重，只有28架飞机返回了母舰。

第二攻击波离舰半小时以后，日军第一机动部队第二大队的"鹰隼号""龙凤号"出动舰载机组成了第三攻击波，但由于飞行员大多训练不足，造成迷航，只有13架"零"式战斗机、9架"零"式战斗轰炸机和9架"天山"鱼雷攻击队形成了攻击力量。唯一的战果是在"埃塞克斯号"航母90米处投下一枚近失弹，自己却反而丢了几架飞机。

正当日军第二攻击波的舰载机一架一架飞去与美舰队较量时，它们的母舰也快大祸临头了。站在甲板上挥手向舰载机告别的水兵突然惊恐地发现一架潜望镜在汹涌的海面上划开"人"字形浪尾，向"大风号"逼近，并不失时机地在右舷前方5000多米处采用大扇面射击角度，接连发射了6枚鱼雷。

鱼雷吐着气泡，冒着一缕轻烟直奔"大风号"而来，只见最后一架飞出甲板的"彗星"式俯冲轰炸机一个右急拐弯，俯下机头冲向飞蹿而来的鱼雷，企图将鱼雷撞爆，可是奇迹终归没有发生。

眼看高速航进的"大风号"将5枚鱼雷都甩到了舰后，但是终没能躲过射

向舰首的第六枚鱼雷，鱼雷无情地将右舷前部升降机处炸开一个大洞。

"大风号"不愧是集日本海军造船精粹的装甲航母，右舷大洞被舰员们用饭桌、木板等堵住后又恢复了战斗航行。但不久，婆罗洲的高挥发性原油帮了美军的大忙，鱼雷爆炸后造成前部燃料舱和加油管道破损，大量刺激性有毒燃油蒸汽开始弥漫整个"大风号"。

14时30分，中雷后又坚持了6个多小时的"大风号"终于发生了惊天动地的大爆炸，继而舰内全部停电，火势越烧越旺，装甲飞行甲板上下弯曲，严重变形，小泽司令长官不得不下令弃舰转移，将舰队司令部移至"羽黑号"重巡洋舰。不一会儿，"大风号"便悄然消失在海底。

祸不单行，从菲律宾海域一直尾随跟踪小泽舰队而来的美军潜艇"刺鳍号"，继"大青花鱼号"击中"大风号"后，盯上了日本"翔鹤号"航空母舰。

"翔鹤号"能载机96架，是参加过奇袭珍珠港及珊瑚海海战的老舰。负责保护这艘航母的日军驱逐舰装备的水下声呐装置十分落后，碰上这样大规模的舰队机动作战，根本捕捉不到美军潜艇移动时微小的声波变化。

"速来领取战斗口粮！"已是接近中午，"翔鹤号"喇叭开始提醒忙碌的舰员们。

突然，广播员的声音陡然变得急促而不安："反潜警戒！"可是已经来不及了，"刺鳍号"在右舷前方只有1500米处射出了鱼雷，海面上立刻出现6条白色航迹，直驱"翔鹤号"。

3枚鱼雷直接命中右舷，巨爆声此起彼伏，海水大量涌入舰体，舰体严重失去平衡。两小时后，1271名舰员和飞行员随同"翔鹤号"一同葬身于马里亚纳海。

战功卓著的"刺鳍号"也不轻松，日军驱逐舰对它进行了长达3个小时的追击，投放了105枚深水炸弹。走运的美国潜艇只是负了点轻伤，逃到了已被占领的塞班岛海岸。

"翔鹤号""大风号"中弹后，小泽依然组织起第四攻击波，82架舰载

机分别从舰队剩下的"瑞鹤号""隼鹰号""飞鹰号""龙凤号"上出发。

但是，日机都未能直接找到美舰位置。

一队已准备飞向罗塔岛的日机途中碰巧发现了正在回收飞机的"大黄蜂号"和"邦克山号"，觉得有机可乘，可结果只有一枚炸弹命中，给"邦克山号"造成轻微损伤，而机群则大部被歼。

另一队失去目标的日机扔掉炸弹后，准备在关岛机场弹痕累累的跑道上强行着陆，却被"恶妇"式战斗机逮住机会，49架舰载机30架被击落，其余全部毁伤。

1944年6月19日的海空大战告一段落，转移到"羽黑号"重巡洋舰上的小泽起初听信返航飞行员夸大其词的报告，确信第58特混舰队已经受到重创，遂命令第二天黎明时分再度实施航空突击，以求决战。

当他查明430架舰载机只剩下了100架时，才意识到自己损失惨重，而且取得的战果也并非那么乐观。当天夜晚，小泽决定机动部队暂向西北方向撤退，准备边补给燃料边休整，拟在22日再与美舰队决一死战。

美第58特混舰队
大获全胜

当第58特混舰队收回最后一架"猎取火鸡"的舰载机时，天色已黑。

斯普鲁恩斯海军上将如释重负，确信日军舰载机已被击溃，遭日军侧背攻击的威胁也解除了。于是，他通知米彻尔做好追击日机动部队的准备。

米彻尔留下哈里尔的第四航母特混大队继续掩护塞班岛和封锁关岛，自己则亲率其他特混大队彻夜向南偏西航进。由于对日舰队位置判断失误，尽管美军舰队的航速比小泽舰队快5节，但是双方之间的距离并没有缩短。

20日上午派出去的侦察机还是没有发现逃跑的小泽舰队，为保障侦察机的起飞和降落，航母不得不数次转向，迎着东风航进，这也耽误了追击日军的速度。

20日下午16时许，第58特混舰队终于等来了盼望已久的报告。

一架巡逻机发现，日本机动部队正在第58特混舰队西北偏西220海里以20节航速向西退却。

米彻尔陷入了进退两难之中：若命令舰载机飞这样远的距离去实施攻击，不能保证他们一定能完成任务，况且返航时已是黑夜，飞行员必须在夜色中着舰，而绝大多数飞行员都没有受过夜间降落的训练。

但是如果等到第二天天亮，必然要失掉摧毁日舰队的最后机会。

"飞机起飞！"沉默寡言的米彻尔海军中将别无选择了，平素有着慈父般心肠、尽量避免派遣飞行员执行冒险任务的他，果断地下达了命令。

各航空母舰飞行员待机室内鸦雀无声，飞行员屏住呼吸看着他们的指挥官用6英寸的大字把米彻尔的命令用粉笔写在黑板上："攻击敌航空母舰！"

　　不到10分钟，特混大队的11艘航空母舰上，84架"恶妇"式战斗机、54架"复仇者"式鱼雷攻击机、51架新式俯冲轰炸机、26架"无畏"式俯冲轰炸机，共215架舰载机腾空而起，直追小泽舰队而去。

　　"大和号"战列舰的大型雷达迅速报告了美军机群从东方袭来的可怕消息。小泽的主力舰队加速到24节，不得不扔下了4艘泊船和为它们护航的3艘驱逐舰。

　　日第一特混大队、第二特混大队和第三特混大队最后34架"零"式战斗机临危受命，去迎战优势之敌。轰炸机和鱼雷机也起飞远离了舰队上空，以

❤ 舰载机从航母上起飞

减少母舰挨炸时的损失。此时太阳已经西沉，正在慢慢接近水平线，再过20分钟，日本舰队就能躲藏在黑暗之中。

"首先攻击日军航空母舰！"美机群指挥官迫不及待地大声命令道，迅速摆脱最后几架"零"式战斗机纠缠的美机群，在夕阳的余光下发起了冲锋。

10多架俯冲轰炸机从3000米高空轮番向"飞鹰号"中型航母俯冲投弹，一枚炸弹在舰桥上方爆炸，炸裂的弹片彻底摧毁了作战指挥所和防空指挥所。

随后4架"复仇者"鱼雷机结队向其右前方旋回，"飞鹰号"急速躲避并展开猛烈反击。

乔治·布朗海军中尉的机翼被打飞了，报务员和炮手不得不跳伞逃生，但身负重伤的布朗中尉仍顽强地驾驶着冒着火光的"复仇者"发射鱼雷，一举命中"飞鹰号"右舷机舱。

婆罗洲原油的挥发性油气和爆炸性瓦斯立即燃起凶猛的大火，"飞鹰号"不久就舰首朝天，开始下沉，而布朗中尉和他已经不堪驾驶的座机也没有回到他的母舰。

"瑞鹤号"大型航母、"隼鹰号"中型航母、"千代田号"轻型航母虽然加足马力闪避逃跑，但仍被击中数枚炸弹，受到重创。

天很快就黑了下来，损失了20架舰载机的美空袭机群在投光

炸弹和鱼雷后开始返航。一些轰炸机和鱼雷机的油量表已经远远低于满载量的一半，几架损伤严重的舰载机首先坠入大海。

接着那些不注意节约汽油的飞行员也随着飞机掉入大海。一个舰载机分队通过无线电约定，待燃料耗尽后一同降落在海面上。

晚上20时，已一片漆黑，返航的第一批飞机即将临空，一直全速西进的航空母舰转而向东迎风航进，准备回收飞机。

返航的飞机在特混舰队上空盘旋，只有个别技术娴熟的飞行员或者运气极佳的飞行员，在黑暗的甲板上顺利降落，大多数飞行员则连航空母舰和大型军舰都辨认不清。有些飞机只好在茫茫夜海中迫降，有些飞机则喘着粗气，发动机发出燃油耗尽时那种"劈劈啪啪"的响声。

米彻尔坐在"列克星敦号"航空母舰作战室里，默默地吸着烟，凝神沉思，假如他解除特混舰队的灯火管制，可能会暴露目标，受到日军潜艇和航空兵的袭击。

然而米彻尔更清楚，航空母舰如果失去了舰载机和飞行员，它就不再是锐利的武器，只能是累赘。大家的眼睛都集中在他身上，米彻尔转过身来，坚决地命令他的参谋长阿利·伯克海军上校："开灯！"

航空母舰全部打开了红色桅顶灯，飞行甲板上灯火辉煌，探照灯光柱刺破了夜空，有的军舰还发射了信号弹，令一些飞行员兴奋地感到"好莱坞的彩排、中国的春节和美国独立纪念日赶到一起了"。

飞机被命令可在任何一艘航母上降落。

有一名飞行员着急得竟不顾"列克星敦号"发出的等待着航的信号，硬是向舰上降落，结果与刚刚降停的6架飞机相撞，甚至有一架飞机把驱逐舰的桅顶灯当做引导员发出的降落信号，干脆利落地降落在驱逐舰旁边的海上。

22时30分，因着舰损失了80余架飞机的第58特混舰队又启程向黄昏追击战的战场方向驶去，当夜和次日一整天都是沿着飞机返航的航线搜索前进，驱逐舰和水上飞机救起了许多落水飞行员。

美舰为援救飞行员不得不低速航行，而小泽舰队是全速撤退，经过6月21

日一整天的航行，斯普鲁恩斯下令第五舰队停止追击，向东返航。

至此，太平洋战争中的最大一场航空母舰大决战——马里亚纳大海战拉上了帷幕，美第58特混舰队大获全胜。

尽管战后对美第58特混舰队没有全歼日本航母舰队，6月18日夜晚斯普鲁恩斯为掩护登陆地域没能西进、抓住抢先攻击日航母的战机等战术问题意见不一，但马里亚纳的大海战仍不失为一场意义重大、战果辉煌的大海战。

日航空母舰被击沉3艘，受伤3艘，舰载机430架只残存下70余架。从此以后，以航空母舰和海军航空兵为主力的日本海军不再是太平洋战场上的劲旅。

第58特混舰队在马里亚纳大海战中的巨大胜利，有力地支援了塞班岛登陆作战。同时，这一胜利也减轻了麦克阿瑟的西南太平洋部队沿新几内亚—棉兰老岛轴线夺回菲律宾的作战压力。

图书在版编目（CIP）数据

　　海上鏖战：第二次世界大战著名海战 / 胡元斌主编
. ——北京：台海出版社，2013.8（2021.5重印）
　　（第二次世界大战纵横录）
　　ISBN 978-7-5168-0246-5

　　Ⅰ.①海… Ⅱ.①胡… Ⅲ.①第二次世界大战—海战
—史料 Ⅳ.①K152

　　中国版本图书馆CIP数据核字(2013)第188567号

海上鏖战：第二次世界大战著名海战　　　第二次世界大战纵横录

主　编：胡元斌　严　锴

责任编辑：王　萍　　　　　　　　　装帧设计：大华文苑
版式设计：大华文苑　　　　　　　　责任印制：严欣欣　吴海兵

出版发行：台海出版社
地　　址：北京市东城区景山东街20号　　邮政编码：100009
电　　话：010—64041652（发行，邮购）
传　　真：010—84045799（总编室）
网　　址：www.taimeng.org.cn/thcbs/default.htm
E-mail：thcbs@126.com

经　　销：全国各地新华书店
印　　刷：北京九天鸿程印刷有限责任公司
本书如有破损、缺页、装订错误，请与本社联系调换

开　　本：710×1000　　　1/16
字　　数：210千字　　　　　　　　印　　张：13
版　　次：2014年1月第1版　　　　印　　次：2021年5月第4次印刷
书　　号：ISBN 978-7-5168-0246-5

定　　价：48.00元